KB146825

세상에서 가장 쉬운
뮤지컬 수업

세상에서 가장 쉬운 뮤지컬 수업

초판 1쇄 발행 2021년 9월 30일

지은이 원치수

발행인 송진아
편 집 정지현
디자인 로프박
제 작 제이오엘앤피
펴낸곳 푸른칠판
등 록 2018년 10월 10일(제2018-000038호)
팩 스 02-6455-5927
이메일 greenboard1@daum.net

ISBN 979-11-91638-03-5 04370
     979-11-965375-6-2 (세트)

세상에서 가장 쉬운

뮤지컬 수업

원치수 지음

푸른칠판

이야기,
예술 친구를 만나다

"우리 뮤지컬 한번 해 볼까?"

"선생님, 뮤지컬로 수업을 한번 해 보면 어떨까요?"

학생과 교사 모두에게 부담이 될 수도 있는 질문이다. 상황은 다르지만 두 대상 모두 다음과 같이 되묻는다.

"그걸 제가 어떻게 하나요?"

아마도 뮤지컬이 만들어지는 과정보다는 무대에 오른 완성된 작품을 본 경험이 훨씬 많기 때문일 것이다. 이런 편향된 경험은 '뮤지컬=공연'이라는 편견을 갖게 한다. 뮤지컬 교육활동은 곧 다른 사람들이 보기 좋은 하나의 작품을 만들어 공연하는 것이라고 생각하기 때문에 접근하기 쉽지 않다. 이야기 창작은 어떻게 해 보겠는데 연기, 노래,

춤은 아무리 생각해도 부담스럽다고 여긴다.

"부담을 내려놓고 우리만의 뮤지컬을 한번 해 봅시다."
이전의 질문과 다른 점은 부담을 내려놓자는 것이다. 공연이라는 결과부터 생각하는 것이 자연스러웠던 뮤지컬 교육활동에 대한 관점을 바꾸어 뮤지컬이 무엇인지부터 생각해 보는 것이다.

그러기 위해서는 일단 '뮤지컬'이라는 이름에서 벗어나는 것이 필요하다. 결론부터 이야기하면 뮤지컬은 '예술 친구들과의 만남'이다. 이 뜻깊은 만남의 주최자는 '이야기'다. 이야기는 자신이 주머니 속에 소중하게 품고 있던 다양한 이야기가 사람들에게 좀 더 깊이, 흥미롭고 다채롭게 다가가길 바랐다. 글이나 말로 전해 보았지만 관심 가져 주지 않는 사람들이 여전히 많았다. 그래서 이곳저곳 돌아다니며 예술 친구들을 모으기 시작했다. 연기, 음악, 춤, 미술 등 다양한 예술 친구와 함께라면 자신이 품고 있는 이야기를 좀 더 매력적으로 사람들에게 전할 수 있겠다고 생각했다.

예술 친구들에게 이야기를 들려주자 연기와 춤은 그 속에 등장하는 인물의 상황과 마음을 실감나게 표현해 주었고, 음악은 장면에 어울리는 선율을 들려주었다. 미술은 다른 예술 친구들이 함께 어우를 수 있는 공간을 만들어 주었다. 그렇게 서로 다른 예술 친구들은 각자의 개성을 살려 하나의 작품이 되어 갔다. 그러고는 함께 이름을 붙였다.

"뮤지컬."

이처럼 여러 예술 요소가 어우러져 하나의 이야기를 흥미로운 또 다른 작품으로 만들어 가는 과정이 바로 뮤지컬이다. 이러한 융합적인 교육활동은 이름 붙이지 않았을 뿐 이미 우리가 교실에서 아이들과 함께 해 오던 것들이다. 여기저기 흩어져 있던 융합교육활동을 엮어 '뮤지컬'이라는 이름으로 불러 주자 그것은 우리에게 다가와 풍요로운 '교육뮤지컬'이 되었다.

한 교대생이 오랜 꿈이었던 교육자의 길을 준비하며 운명처럼 뮤지컬을 만났다. 진주에서 채현원 선생님(뮤지컬 안무가)을 만나 처음 뮤지컬을 맛보았고, 교육뮤지컬 전문가를 찾아 무작정 달려간 강원도에서 반갑게 맞아 주신 박찬수 선생님 덕분에 뮤지컬과 교육을 접목한 교육뮤지컬을 꿈꿀 수 있었고, 운이 좋게도 신규교사로 발령받은 첫 학교에서 교육뮤지컬 활동을 묵묵히 지지해 주시는 이태열 교장선생님과 정진영 수석선생님을 만났다. 그리고 여기에 다 기록하지는 못하지만 언제 어디서나 나의 꿈과 실천을 응원해 준 소중한 사람들 덕분에 한 걸음, 한 걸음 나아갈 수 있었다. 아직 저변이 넓지 않은 교육뮤지컬이라는 분야를 세상에 책으로 내놓을 수 있도록 귀한 기회를 주신 푸른칠판 송진아 대표님께도 감사 드린다.

이 책은 '교육뮤지컬'에 대한 정답을 제시하고 있지는 않다. 그저 한 교사가 여러 해 동안 학생들과 뮤지컬을 통해 교실 안팎에서 뜨겁게 소통하며 경험했던 잊지 못할 순간과 성장의 시간을 더 많은 사람들과 나누고 싶었다. 교육뮤지컬이 교육 현장에서 삶의 의미를 일깨우고, 또 누구나 함께할 수 있는 즐거운 교육활동으로 자리 잡는 데 이 책이 작은 도움이 되기를 바란다.

1장

교육뮤지컬
알아보기

교육의 눈으로 바라본 뮤지컬

어느 뮤지컬 작품의 넘버를 감상할 때면 머릿속에 등장인물과 장면이 구체적으로 그려지고, 마치 내가 주인공이 된 듯 그의 감정까지도 선명하게 다가왔다. 공연을 보기 전에 OST를 먼저 구입해서 듣고 또 들었다. 그리고 일 년을 기다려 설레는 마음을 안고 공연장 좌석에 앉았을 때의 그 기분 좋은 떨림은 잊지 못한다.

드디어 무대 한편에 핀 조명이 떨어지고 공연은 시작되었다. 시간은 빠르게 흘러 어느덧 신나는 음악과 함께 커튼콜로 이어졌다. 나는 그날 시원하게 박수를 보내지 못했다. 재미있었지만 내가 넘버를 들으며 상상하고 그리던 감정을 느끼지 못했고 작품에 빠져들지 못했다. 그 누구의 잘못도 아니었다. 그저 작품에 대한 환상이 컸다고 해야 할까. 그 자리에서 다짐했다.

"나도 저 작품을 무대에서 해 보고 싶다!"

결론부터 말하면 그 결심을 이루지는 못했다. '그 작품'을 하지는 못했으니까. 대신 일반인 뮤지컬 클래스에 등록해서 3개의 작품을 준비해서 무대에 올렸다. 두 작품은 배우로, 한 작품은 조연출로 참여했다. 당시 학교는 부산에 있었고, 뮤지컬 클래스는 진주에서 진행되었기 때문에 일 년이 좀 넘는 시간을 매주 2번 이상은 진주와 부산을 오가며 보냈다.

클래스에는 20명 남짓의 대학생과 현직 안무가로 활동 중인 클래스 선생님, 클래스를 총괄하는 팀장님으로 구성되어 있었다. 모두 초면이었고 나이도 제각각이었으나, 처음 만난 날 우리는 하나의 팀이 되었다. 보통 클래스는 3시간으로 예정되어 있었는데, 한 번도 제시간에 돌아갈 수 없었다. 어떤 날은 철야 연습을 하고는 새벽 첫차를 타고 부산으로 돌아가기도 했다.

당시는 도대체 왜 이렇게 이 활동에 열정을 부었는지 스스로도 이해할 수 없었는데, 클래스를 마치고 전 과정을 되돌아보면서 그 답을 찾을 수 있었다. 그때 찾은 답은 어쩌면 관련이 없어 보이는 교육과 뮤지컬의 어색한 만남을 부드럽게 연결하는 매개가 되었다. 뮤지컬에서 교육적 의미를 찾은 것이다.

뮤지컬은 극적 요소를 기반으로 다양한 예술 장르가 융합된 형태이다. 뮤지컬 활동에 참여하는 구성원은 자연스럽게 '극 중 세계'라는 가상의 세계를 창조하며 공유하는데, 창조한 세계 속에서 누구나 하나의 역할을 맡는다. 눈을 마주치고 대사를 주고받기도 하지만, 호흡을 맞추어 노래를 부르기도 하고, 때로는 흐르는 음악의 리듬을 느끼며 함께 춤을 추기도 한다.

배우가 아닌 스태프, 연출, 제작의 역할을 맡은 사람이라고 해도 이 세계 밖으로 소외되지 않는다. 무대에 오르지 않을 뿐 뮤지컬이라는 세계 속에서 함께 공존한다. 뮤지컬 활동에 참여하는 모든 구성원은 자연스럽게 하나가 되어 가는 것이다. 교육의 눈으로 바라본 뮤지컬의 의미는 다음과 같았다.

공통된 목적을 가지고 작품 속 가상의 세계에서 각자 역할을 맡아 함께 연기하고, 노래하고, 춤추며 하나가 되어 가는 것.

아직 나의 교실, 담임하는 아이들을 만나지 못한 대학생이었지만, 뮤지컬 활동을 통해 구성원과 하나가 되어 가는 법을 알게 되었다. 그리고 아이들을 만나면 이 짜릿한 경험을 꼭 함께 나누고 싶었다. 비록 첫 번째 다짐은 아직 이루지 못했지만(아직도 '그 작품'을 해 볼 기회를 노리고 있다), 두 번째 다짐은 매년 아이들과 함께 이루어 가고 있다.

뮤지컬
쉽게 이해하기

"뮤지컬 아는 사람?" 하고 물어보면 많은 학생들이 자기가 알고 있는 범위에서 이야기한다. 어떤 아이는 공연이라며 넓은 범위로 이야기하고, 또 어떤 아이는 배우가 연기하며 노래하는 것이라고 한다. 춤추고 노래하는 것이라고 덧붙이는 아이도 있다. 학생들은 나름대로 뮤지컬을 잘 설명했다.

그런데 모두가 알고 있는 이 뮤지컬을 함께하자고 하면 자신 있다고 말하는 사람이 많지 않다. 교사들부터 부담스럽게 여기는 경우가 많다. 무대 위에서 연기만 해도 어려운데, 노래하고 춤도 추어야 한다니 시작하기도 전에 막막하다고 느끼는 것이다.

실제로 학교 현장에는 뮤지컬 교육활동에 대한 벽이 있다. 딱딱하고 견고해 보이는 그 높은 벽을 자세히 살펴보면 말랑하고 틈이 있다. 그러다 보니 위에서 옆에서 조금씩 눌러 보면 얼마든지 모양을 바꿀 수 있다. 높이를 낮추어 넘어설 수도 있고, 한 요소에 구멍을 만들어 손쉽게 통과할 수도 있다. 뮤지컬은 다양한 요소가 결합되어 있어서 복잡해 보이지만, 오히려 요소가 다양하기에 각 요소를 조정할 수 있는 여지가 있다. 이야기를 간략하게 구성하고 음악을 좀 더 확장할 수도 있고, 이야기에 집중하고 음악을 조금 줄여서 진행할 수도 있다. 학생들이 안무를 좋아하면 춤을 많이 편성할 수도 있고, 춤추기를 부담스러워한다면 동선 정도로 간단히 진행하는 것도 괜찮다.

당장 내가 가르치는 학생들과 교육뮤지컬에 도전하려는 교사들이 쉽게 다가갈 수 있도록 만든 활동이 있다. '음악 속 이야기 찾기!'이다.

모두가 발표하는 것이 아니라면 10분이면 충분하다. 간단히 설명하자면 음악 한 곡을 떠올리고 그 속의 이야기를 찾는 것이다. 우선 시간과 공간적 배경을 상상하고, 그 위에 노래하고 있는 인물을 상상하고, 그에게 무슨 일이 있는지 추측해 보며 핵심 대사 하나를 통해 간단한 1인극으로 발전시켜 나가는 활동이다.

- **활동명** : 음악 속 이야기 찾기
- **활동 소개** : 음악 속 이야기를 찾아 구체적인 장면을 상상해 본다.

1. 떠오르는 음악 하나를 골라 가사를 찾아본다.
2. 가사를 보며 다음의 질문에 대해 상상한다.

- 시간은 언제인가요?
- 공간은 어디인가요?
- 어떤 인물이 등장하나요?
- 그 인물에게 어떤 일이 생겼나요?
- 인물이 딱 한마디만 할 수 있다면 뭐라고 말할 것 같나요?

3. 상상한 내용을 바탕으로 짧은 이야기를 만든다.

이제 짧게 예를 들어 보자.

1. **떠오른 노래** : 작은별

2. **상상하기**
- 시간은 언제인가요?
- 추운 겨울 어느 날 밤 10시
- 공간은 어디인가요?
- 물이 흐르는 동네의 개천에 위치한 산책로
- 어떤 인물이 등장하나요?
- 기분이 좋지 않았던 30대 초반의 남자
- 그 인물에게 어떤 일이 생겼나요?
- 되는 일은 없고, 답답한 마음에 늦은 시간 산책을 나왔다. 하염없이 걷다가 문득 고개를 들었을 때 반짝이는 별이 보였다. 그리고

는 해낼 수 있다고 위로와 응원을 받는 느낌이 들었다.

- 인물이 딱 한마디만 할 수 있다면 뭐라고 말할 것 같나요?

- "그래, 별들이 나를 응원해 주는구나. 다시 힘을 내보자."

3. 이야기 만들기

추운 겨울 어느 늦은 밤, 물이 흐르는 동네의 개천 옆에 있는 산책로에 한 남자가 깊은 한숨을 내쉬며 걷고 있었어요. 그는 오랜 기간에 걸쳐 노력해 온 일이 있었으나 결국 좋은 성과를 얻지 못했지요. 모든 것을 포기하고 싶었던 그의 눈에 문득 별빛이 내려왔습니다.

별 : 누구나 힘든 시간은 있어요. 힘을 내요.
남자 : 나는 혼자가 아니었구나. 별이 날 위로해 주는구나.

작은 별의 응원

반짝반짝 작은 별
나의 곁을 지키네
이쪽 하늘에서도
저쪽 하늘에서도
나를 응원해 주는
작은 별을 만났네

"이것도 뮤지컬이야?"라는 의문이 들 수 있을 것이다. 흔히 뮤지컬은 극, 음악, 움직임 등이 융합된 형태의 작품 양식으로 불린다. 위의 사례도 5분 만에 만든 간략한 작품이긴 하지만 극이 있고, 음악이 있고, 움직임이 있다.

뮤지컬의 벽은 결코 높지 않다. 성악 발성으로 멋지게 노래 부르며 사람들에게 격한 감동의 시간을 선사해야만 뮤지컬 활동이라고 생각하지 않아도 된다. 교육과 뮤지컬을 접목할 때 교사들이 어려움을 겪는 경우를 살펴보면 기준점을 높이 잡고 있기 때문에 생기는 문제가 많다. 실제로 학생들에게 〈레미제라블〉의 「One Day More」나 〈오페라의 유령〉의 대표적 넘버인 「The Phantom of The Opera」를 완벽하게 소화하기를 기대한다면 아마도 서로 힘들어질 것이다. 꼭 유명 뮤지컬에 나오는 음악을 활용해 활동해야 하는 것은 아니다. 어떤 음악이든 좋다. 그 음악에서 이야기를 찾을 수만 있다면 훌륭한 뮤지컬을 만들어 낼 수 있다. 심지어 '도레미파솔라시도'를 가지고도 짧은 장면을 구성할 수 있다.

뮤지컬 넘버는 평소 우리가 듣는 음악과 차이가 있다. 보통의 노래는 듣고 부르기 위한 목적으로 만들어지고, 뮤지컬 넘버는 보고 듣기 위한 목적을 갖고 있다. 이러한 차이로 인해서 뮤지컬 넘버의 구성과 가사 진행, 호흡 등이 보통의 음악과는 다르다. 그렇다고 해서 우리에게 익숙한 음악이 뮤지컬에 활용되지 못하리라는 법은 없다.

전 세계적으로 사랑받고 있는 뮤지컬 〈맘마미아〉는 스웨덴의 전설적인 팝그룹 ABBA의 명곡을 엮어 만들었고, 김광석의 명곡을 엮어 만든 우리나라의 창작뮤지컬 〈그날들〉은 2013년 초연된 이후 지금까지도 거의 매년 무대에 올라 관객의 마음을 적신다. 이렇게 기존의 곡을 엮어 만든 뮤지컬을 '주크박스 뮤지컬'이라고 한다. 어떤 뮤지컬은 클래식에 가사를 붙여 만들기도 하고, 동요를 엮어 만들기도 한다.

교육뮤지컬 초기 단계에서는 학생들이 "에이, 이게 뭐예요. 저희 무시하시는 거예요?"라고 할 만큼 쉬운 곡으로 접근하길 추천한다. 「학교종이 땡땡땡」, 「곰 세 마리」, 「비행기」 등의 동요도 좋다. 알게 된 지 오래된 것일수록, 많이 들어 본 곡일수록 쉽게 시작할 수 있다. 학생들에게는 동기부여가 필요하다. 교사도 마찬가지다. 성공의 경험이 쌓이면 좀 더 어려운 곡으로 도전할 용기가 생긴다.

이야기가 있는가? 혹은 어떠한 음악이 떠오르는가? 그렇다면 지금 그 자리에서 여러분의 뮤지컬이 시작될 준비가 끝났다.

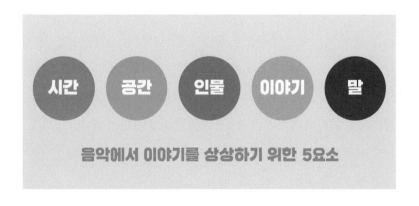

음악에서 이야기를 상상하기 위한 5요소

스토리텔링으로 알아보는
뮤지컬의 탄생

'음악 속 이야기 찾기'를 통해 높아 보이던 뮤지컬의 문턱이 조금 낮아졌더라도 뮤지컬과 친숙해지는 데는 시간이 필요하다. 뮤지컬에 대한 대략적인 맛을 보았다면 이제 뮤지컬 구성 요소에 대해 알아보자.

구성 요소는 뮤지컬 한 편을 제대로 보면 쉽게 알 수 있다. 상황이 여의치 않다면 유튜브에서 '뮤지컬'을 검색하면 수많은 뮤지컬 영상을 살펴볼 수 있다.

가끔 "학생들과 뮤지컬을 만들 때 이야기가 먼저인가요, 음악이 먼저인가요?" 하는 질문을 받는다. 둘 중 어느 것이 먼저여도 상관없다. 이야기 속에서 음악을 찾아낼 수도 있고, 음악 속에서 이야기를 찾아낼 수도 있는 거니까. 실제로 학생들과 양방향의 순서로 모두 활동을 해 보아도 어렵지 않게 해내는 것을 알 수 있다. 다만 이 질문이 의미 있는 것은 뮤지컬에서 이야기와 음악이 큰 축을 담당하고 있다는 것을 알려 주기 때문이다. 이야기와 음악의 조화 속에서 인물 간의 대화가 오고 가고, 때로는 군무가 등장하기도 하며, 조명을 통해 장면의 분위기나 인물의 감정을 표현하기도 한다. 의상과 소품은 극의 맛을 제대로 살려 주고, 무대미술은 무대라는 제한적 공간을 무한한 상상의 세계로 확장해 주는 역할을 한다.

그런데 구성 요소를 아는 것보다 더 중요한 것은, 이러한 다양한 예술 장르가 모여서 어떻게 뮤지컬이 되는지 그 과정을 이해하는 것이다. 직접 체험을 통해 뮤지컬 탄생의 과정을 이해할 수도 있지만, 짧은 스토리텔링을 만들어서 학생들에게 들려주었더니 "아, 뮤지컬이 이렇게 만들어지는 거군요!" 하는 깨달음의 소리를 들을 수 있었다. 학생들에게 뮤지컬의 역사, 구성 요소 등에 대해 이론적으로 설명하기 전에 다음의 스토리텔링을 들려주는 것을 추천한다.

뮤지컬의 탄생

등장인물 : 이야기, 음악, 연기, 춤, 조명 등

어느 날 이야기가 깊은 고민에 빠졌어요.

"어떻게 하면 내 이야기를 사람들에게 제대로 전할 수 있을까?"

그동안 말로도 해 보고, 글로도 해 보고, 다양한 방법을 시도해 보았지만 이야기는 만족하지 못했지요. 어른, 아이 할 것 없이 이야기를 제대로 이해하지 못하는 사람투성이었답니다. 한참을 걷고 있을 때, 눈앞에 각양각색의 친구들이 등장했어요.

'음악, 연기, 춤, 조명.'

이 친구들을 바라보며 이야기는 자신의 이야기가 좀 더 풍성해질 수도 있겠다는 생각에 마음이 두근거렸어요.

"이야기를 들려줘. 우리가 함께 표현해 볼게."

이야기는 신이 나서 자기가 가지고 있는 것 중 가장 흥미로운 이야기를 꺼내 들려주었어요. 이야기를 들은 연기는 다양한 감정으로 이야기를 살려 주었고, 음악은 자신이 가장 잘할 수 있는 방법으로 어울리는 멜로디를 만들어 냈어요. 음악을 들은 춤은 온몸을 사용해 이야기를 잘 전달할 수 있는 몸짓을 만들었고요.

이 모든 장면을 바라보던 조명은 이야기, 연기, 음악, 춤이 표현하는 것이 더 두드러지도록 어울리는 색깔의 빛을 비추어 주었답니다. 이야기, 음악, 연기, 춤, 조명이 모여 아름다운 작품이 탄생했어요. 그리고 오랜 고민을 거쳐 작품의 이름을 이렇게 정했습니다.

"뮤지컬."

뮤지컬과 교육은
어떻게 만나는가

앞서 뮤지컬을 교육의 눈으로 바라보게 된 경험에 대해 이야기했다. 그리고 교육의 관점에서 뮤지컬을 다음과 같이 정의했다.

"공통된 목적을 가지고 작품 속 가상의 세계에서 각자 역할을 맡아 함께 연기하고, 노래하고, 춤추며 하나가 되어 가는 것."

그런데 위와 같은 정의는 교육뮤지컬의 방향이자 철학에 가깝다. 실제로 학교 현장에서 뮤지컬을 교육에 접목하여 활용하기 위해서는 보다 현실적인 접근이 필요하다. 따라서 교육의 눈으로 바라본 뮤지컬을 '교육'이라는 깔때기에 한 번 더 걸러서 정의해 보았다.

다양한 교육적인 목표를 달성하기 위하여 뮤지컬의 요소를 활용하여 기획하고 실행하는 교육활동.

뮤지컬은
'교육'의 칼때기를 거쳐
교육뮤지컬이 된다.

뮤지컬

교육

교육**뮤지컬**

　학교에서 이루어지는 모든 교육활동에는 나름의 교육목표가 있다. 교과 활동은 물론이고 생활지도를 포함하는 학급살이 전반에 걸쳐 수많은 활동이 이루어지고 있으며, 이는 교사의 교육철학 아래 기획·실행된다. 따라서 뮤지컬을 교육과 접목하려는 교사도 나름의 지향점을 갖고 있을 것이다. 그것이 즐거운 수업을 만들기 위한 것일 수도 있다. 배움의 즐거움을 느끼는 것이 학생들의 삶에서 얼마나 가치 있는 일인가는 논의할 필요가 없다. 또한 뮤지컬 프로젝트 수업을 통해 다양한 역량을 키우고자 할 수도 있다. 예술적 감성을 신장하여 감수성 있는 사람으로 성장하길 기대할 수도 있다. 목표가 어떤 것이든 그것은 교사의 몫이다. 여기에서 이야기하는 것은 뮤지컬이 어떻게 교육을 만나 그 목표를 이룰 수 있도록 돕느냐 하는 것이다.

　교육과 뮤지컬의 만남은 크게 두 단계를 거쳐 이루어진다. 뮤지컬 구성 요소의 이해를 바탕으로 뮤지컬 구성 요소와 교육과정의 연결을 이끌어 내는 것이다. 여기에서의 교육과정은 국가수준의 교육과정을 의미한다. 만약 교사가 추구하는 교육뮤지컬 프로그램이 교육과정 기반의 수업이 아닌 경우에는 '과정'을 빼고 교육이라고 생각하면 된다.

뮤지컬
구성 요소의
이해
+
뮤지컬
구성 요소와
교육과정의 연결
=
교육과
뮤지컬의
의미 있는 만남

1단계 뮤지컬 구성 요소의 이해

교육과 뮤지컬의 의미 있는 만남을 위한 첫 단계로 뮤지컬을 구성하고 있는 요소를 살펴보고, 어떤 요소를 활용하여 교육뮤지컬 수업을 디자인하면 좋을지 대략적으로 그림을 그려 본다. 뮤지컬을 구성하고 있는 대표적인 요소로는 이야기, 음악, 연기, 안무, 무대미술 등이 있다.

이제 구체적으로 뮤지컬의 한 장면을 살펴보며 각 요소가 어떻게 뮤지컬에서 활용되고 있는지 알아보자. 뮤지컬 동아리 학생들과 함께 만들었던 〈우리들의 뮤지컬, 2020〉의 한 장면이다. 코로나19로 인해 새롭게 도전해 본 웹뮤지컬이라는 낯선 장르인데, 구성 요소의 이해를 충분히 도와줄 것이다.

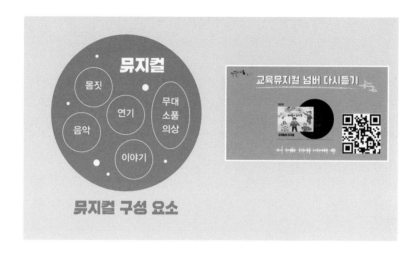

이야기

영상에서 눈에 먼저 들어오는 것은 음악과 안무이지만 사실 이 모든 것은 이야기에서 시작된다. 앞서 '뮤지컬의 탄생' 스토리텔링에서 보았듯 다양한 예술 친구들이 하나의 작품으로 만들어질 수 있도록 한 것은 바로 '이야기'가 아니었는가. 이야기는 시간과 공간을 아우르는 배경, 인물, 사건을 포함한다. 사실 이 장면은 '뮤지컬의 탄생' 스토리텔링과 유사한 이야기이다. '안무'가 '음악'에게 자신이 뮤지컬의 중심이라며 따로 불러내 합을 맞추다가 갈등을 겪게 된다. 이렇게 뮤지컬에서 이야기는 모든 창작 활동의 기준이자 영감을 주는 중요한 요소이다.

뮤지컬의 모든 구성 요소는 스토리텔링을 위해 존재한다. 다음에 다양한 요소를 소개하겠지만 모두가 다른 방식으로 이야기를 말하고 있다. 음악으로, 춤으로, 조명으로, 소품과 의상으로 이야기를 말한다. 그래서 뮤지컬 수업에서 가장 공들여 준비하고 진행해야 하는 과정은 이야기의 소재를 탐색하고 창작하는 초반부이다. 이야기가 탄탄하게 자리 잡으면 이후의 곡 선정, 가사 만들기, 안무 창작 등이 비교적 쉬워진다. 이야기는 뮤지컬의 중심이다.

음악

"이름을 봐. M.U.S.I.C!"

작품 속 '음악'이 예술 친구들에게 뮤지컬에서 자신이 가장 중요하다며 '뮤지컬'이란 이름 속에서 자신을 찾아 드러내고 있는 모습이다. 틀린 말은 아니다. 사전에서 'musical'을 찾아보면 2개의 뜻이 나온다. 하나는 '음악과 관련되어 있는'을 뜻하는 형용사와 공연 양식인 '뮤지컬'을 뜻하는 명사이다. 현대의 음악극이자 음악·안무·극이 조화를 이룬 종합예술이라고도 한다.

우리가 흔히 말하는 뮤지컬은 '뮤지컬 코미디'나 '뮤지컬 플레이' 등을 줄여 표현하는 것이다. 음악적인 코미디극 혹은 음악적인 극play을 뜻한다. 따라서 '음악'이 뮤지컬에서 자신의 입지를 강하게 주장하는 것이 근거 없는 억지는 아니다. 유명한 뮤지컬 넘버의 가사를 잘 들여다보면 극 속에서 중요한 역할을 하고 있는 경우가 많다. 뮤지컬은 몰라도 「지금 이 순간This Is the Moment」은 안다는 농담이 있다. 극 중에서

지킬 박사가 마땅한 실험 대상을 찾지 못하고 직접 실험 대상이 되어 자신을 바치겠다는 중대한 결심을 담아 부르는 노래이다.

영상에서 보았던 「음악 그리고 춤」 넘버는 음악과 춤의 격한 갈등 장면을 노래로 표현했다. 이 장면을 노래로 표현한 이유는 간단하다. 음악으로 표현하면 관객에게 이 장면의 메시지를 더 잘 전달할 수 있기 때문이다.

이야기에서 음악을 떠올리거나, 음악 속에서 이야기를 찾는 활동은 뮤지컬 수업에서 가장 중요한 기초 활동이다. 교육 현장에서의 뮤지컬 활동을 상상할 때 반드시 화려한 무대만을 떠올릴 필요가 없는 이유를 여기에서 찾을 수 있다. 뮤지컬의 핵심은 '이야기와 음악의 유기적인 관계'이다.

안무

"춤을 출 때 어떤 느낌이 드나요?"

로열 발레 스쿨 면접날, 모든 질문에 대해 모르겠다고 답하는 지원자에게 면접관이 물었다. 한참을 고민하던 소년은 이렇게 답했다.

"모르겠어요. 그냥 좋아요. 어색하기도 하지만 한번 시작하면 전부 잊어버려요. 모든 것이 사라져요. 내 몸 속의 모든 것이 바뀌는 느낌이에요. 내 몸에 불이 붙는 것 같아요. 새처럼 나는 느낌이에요. 전기처럼요. 맞아요, 전기처럼요!"

– 영화 〈빌리 엘리어트(2000)〉 중에서

2005년 영국 웨스트앤드에서 초연되어 2010년 우리나라를 찾아온 뮤지컬 〈빌리 엘리어트 Billy Elliot the Musical〉의 원작은 영화이다. 이 작품 속에는 여러 명곡이 있지만 그중에서도 으뜸으로 꼽히는 넘버는 「전기 Electricity」다. 로열 발레 스쿨 면접관에게 위의 대사를 던지고 뮤지컬 넘버에 맞춰 신들린 듯한 춤사위를 펼치는 소년의 모습을 보고 있노라면 그가 말하는 '전기' 같은 짜릿한 느낌이 관객에게도 충분히 전해지는 것 같다.

뮤지컬의 모든 구성 요소는 각기 다른 모습을 갖고 있는 듯하지만 결국은 함께 모여 시너지를 이루어 관객에게 메시지를 전달한다. 안무 또한 그렇다. 춤이라 하면 가장 먼저 떠올리는 방송댄스와 뮤지컬 안무의 큰 차이점이 여기에 있다. 방송댄스는 춤을 보여 주기 위한 것이고, 뮤지컬의 안무는 인물의 마음과 상황, 극의 흐름을 관객에게 깊이 있게 전달하기 위한 것이다. 안무도 '말하기'의 또 다른 방식이라고 바라보면 된다. 뮤지컬 수업을 디자인할 때도 이러한 관점에서의 접근이 중요하다. 연기도 노래도 쉬운 것은 아니지만, 비교적 큰 부담을 갖게 되는 요소가 안무이기 때문이다.

연기

2015 개정 국어 교과 교육과정의 큰 변화 중 하나는 「연극」 단원이 개설된 것이다. '체험 중심의 연극 수업을 강화'한다고 하였다. 따라서 굳이 교육과정 재구성을 하지 않아도 교과서를 따라 수업하면 연극

활동을 일정 시간 할 수 있게 되었다. 초등 국어과 교육과정 성취기준 중 이것이 눈에 띈다.

> [6국05-04] 일상생활의 경험을 이야기나 극의 형식으로 표현한다.

위 성취기준에 비추어 보았을 때 말하기, 쓰기와 같이 극 또한 하나의 표현 방식으로 교육과정에서 인정받고 있음을 알 수 있다. 교육과정 재구성을 할 때도 위 성취기준을 활용하여 극을 활용한 수업을 구성할 수 있다.

"극의 형식으로 표현한다."는 것은 2가지의 내용을 포함한다. 하나는 극의 '창작'을, 하나는 극의 '표현'을 의미한다. 수업 상황에서 볼 수 있는 대표적인 극의 표현 방법은 연기다. 연기는 작품 속 인물의 성격과 행동 등을 상상하여 드러내는 것이다. 내가 아닌 다른 존재가 되어 보고, 그 존재를 몸과 마음으로 느끼며 표현하는 것이다. 뮤지컬 활동에서 학생들은 내가 아닌 존재가 되어 새로운 관점에서 세상을 바라보는 경험을 한다.

어떤 학생들은 상황과 인물만 주어지면 바로 그 인물을 받아들이고 표현하지만, 어떤 역할을 주더라도 표현하기를 주저하는 학생들도 있다. 그럴 때는 "좀 더 적극적으로 해 봐."라고 밀어붙이는 것보다는 그 인물 주변의 상황과 마음, 다양한 감각 등을 구체적으로 상상하도록 이끌어 주고, 인물과 친해지는 작업을 먼저 하는 것이 좋다.

뮤지컬에서 연기는 언어적·비언어적 표현을 통해서 가장 직접적으로 극의 내용을 드러내는 요소이다. 그래서 극을 쉽게 풀어 가고 싶을 때 대사가 많아지고 자꾸 설명하려고 한다. 하지만 뮤지컬에서 연기에게는 '음악'과 '안무'라는 든든한 지원군이 있다. 연기는 극의 내용을 직접적으로 표현할 수 있는 매력적인 요소이지만 뮤지컬의 맛을 살리기 위해서 음악과 안무와의 연결을 고려하며 구성하는 것이 좋다. 연기, 음악, 안무는 하나의 선 위에서 공존한다.

무대미술

뮤지컬을 보통 극, 음악, 춤이 어우러진 공연 양식이라고 말하지만 여기에 아주 중요한 요소가 빠졌다. 무대미술이다. 뮤지컬 공연장에 들어섰을 때 가장 먼저 만나는 요소는 바로 무대미술이다.

무대미술은 좁은 의미로는 시각적 요소를 활용해 꾸민 무대를 뜻하지만, 넓게 보면 무대 위에서 시각적으로 보이는 모든 것을 포함한다. 음악, 안무, 연기가 자신의 방법으로 이야기를 전달하듯 무대미술 또한 '이미지'를 통해서 이야기가 관객에게 좀 더 깊이 다가갈 수 있도록 한다. 뮤지컬을 교육과정과 연계할 때, 미술 교과의 많은 성취기준을 활용할 수 있는 것은 바로 무대미술 덕이라고 볼 수 있다.

또 무대에 서는 것을 부담스러워하는 학생들이 적절한 역할을 맡도록 돕기도 한다. 무대미술과 관련하여 세분하면 무대 디자인, 조명, 소품, 의상 등이 있는데, 이 영역을 담당하는 학생에게 '감독'이라는 호

칭을 붙여 주었을 때 학생들이 더욱 책임감을 갖고 적극적으로 참여하는 모습을 자주 보았다.

뮤지컬 자체로도 융합적인 성격을 띠기에 여러 직업과 연결할 수 있지만, 특히 무대미술 분야에 포함된 직업은 다양하여 진로교육에 활용하기에 적합하다. 소품이나 의상을 제작하는 활동은 목공, 바느질 등 실과 교육과정에 등장하는 성취기준과 연계하여 운영이 가능하다.

무대미술은 뮤지컬을 생각했을 때 대표적으로 연상되는 구성 요소가 아닐 수도 있지만, 뮤지컬을 다양한 교과와 연계하는 훌륭한 매개체 역할을 한다.

2단계 뮤지컬 구성 요소와 교육과정의 연결

교육뮤지컬 수업 디자인 과정을 요리에 비유하면 교사는 셰프, 뮤지컬 구성 요소와 교육과정은 식재료, 완성된 뮤지컬 수업은 플레이팅된 맛있는 음식이다. 이 음식을 맛보고 자신의 것으로 소화하는 것은 학생의 몫이 된다. 물론 교육뮤지컬은 셰프도 식탁에 앉아 학생들과 함께 음식을 즐긴다는 점에서 현실 레스토랑과 차이가 좀 있다.

뮤지컬의 융합적인 특성이 빛나는 순간은 바로 교육뮤지컬 수업을 디자인하는 과정이다. 하지만 처음 시작 단계에서부터 뮤지컬 구성 요소를 교육과정이라는 틀 안에서 상상하기보다는, 이 프로젝트 수업을 통해 학생들과 나눠 보고 싶은 '핵심 질문'에 집중하여 보다 자유롭게 수업을 구상해 보길 추천한다. 어떠한 것이든 교육과정과 부드럽게 연결될 수 있다는 점이 뮤지컬의 큰 장점이다. 교육뮤지컬 수업 디자인의 세부적인 과정은 3장에서 좀 더 자세히 살펴볼 예정이다.

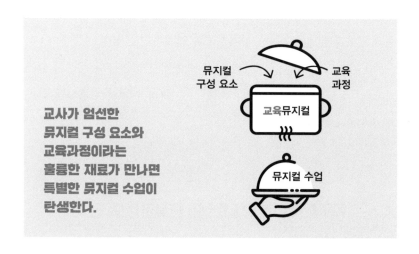

교사가 엄선한 뮤지컬 구성 요소와 교육과정이라는 훌륭한 재료가 만나면 특별한 뮤지컬 수업이 탄생한다.

교육뮤지컬 수업에 많은 교사가 부담을 갖는 이유 중 하나는 모두 잘해야 한다고 생각하기 때문이다. 교육뮤지컬 수업을 할 때 교사에게 이야기 창작, 음악적 소양, 연기력, 몸의 활용, 미술적 감각까지 모두 필요하다고 생각하면 당연히 부담스러울 수밖에 없다. 그러나 우리가 하려는 것은 뮤지컬이 아닌 '교육뮤지컬'이다.

토론 수업을 잘하기 위해서 세계토론대회에 나갈 만한 실력을 가져야 하는 것도 아니고, 훌륭한 미술 수업을 하기 위해 개인전 몇 번쯤은 열어 본 경험이 있어야 하는 것도 아니다. 책 만들기 수업을 하기 위해서 교사가 출판한 책이 몇 권 있어야 하는 것도 아니다. 물론 세계토론대회도 나가고, 개인전도 몇 번 열고, 출판한 책도 있는 교사면 좋겠지만 그런 경험이 없어도 토론 수업이나 미술 수업, 책 만들기 수업을 재미있게 구상할 수 있다.

교육뮤지컬도 마찬가지다. 교사가 이야기를 창작하지 못해도, 음치나 박치일지라도, 로봇처럼 춤을 추더라도 상관없다. 뮤지컬의 다양한 구성 요소 중에서 어떤 요소를 얼마만큼 수업 활동에 배치하여 교육과정과 연계할 것인지 고민할 수 있다면 누구나 교육뮤지컬 수업을 디자인할 수 있다. 교육뮤지컬 수업에도 다양한 목표가 있고, 학생의 가창력, 창작력, 안무 능력 등 기술적인 부분에 집중하는 프로젝트가 아니라면 중요한 것은 교사의 뮤지컬 관련 기술보다 뮤지컬 수업에 대한 이해이다.

실제로 무대에 오르는 뮤지컬을 보더라도 한 사람이 그 작품의 모든 것을 창작하는 경우는 거의 없다. 연출가, 극작가, 작곡가, 안무가, 배우, 무대미술가, 조명 디자이너, 의상 디자이너, 소품 제작자, 무대영상 제작자, 엔지니어 등 각 분야의 전문가들이 힘을 합쳐 하나의 작품을 만들어 간다. 한 사람이 이 모든 분야의 전문가가 될 가능성은 높지 않다. 교사는 뮤지컬 전문가가 아니라 교육뮤지컬 수업의 기획자이자 실행자이면 충분하다.

교육뮤지컬을 하기 위해서는 뮤지컬을 교육의 눈으로 바라봐야 한다. 교육과정은 그 기준이 된다. 교육과정은 성격, 목표, 내용 체계 및 성취기준, 교수·학습 및 평가의 방향으로 구성되어 있다. 여기서 내용 체계 및 성취기준을 살펴보는 것이 교육뮤지컬 수업을 기획할 때 큰 도움이 된다. 내용 체계 및 성취기준에 등장하는 '핵심 개념'과 '성취기준'을 기반으로 뮤지컬의 구성 요소와 다루고자 하는 주제를 연계하면 안정적인 교육뮤지컬 수업을 준비할 수 있다.

핵심 개념은 2015 개정 교육과정에서 새로 등장한 내용 요소로, 교과를 대표하면서 교과의 큰 그림을 볼 수 있도록 돕는 빅 아이디어Big Ieda의 성격을 띤다. '교육과정 구성의 중점'을 보면 이번 교육과정이 핵심 개념을 중요하게 다루고 있음을 알 수 있다.

교과의 핵심 개념을 중심으로 학습 내용을 구조화하고
학습량을 적정화하여 학습의 질을 개선한다.

※ 출처 : 2015 개정 교육과정 총론 해설(초등학교)

교육뮤지컬 수업을 이루는 두 축은 '뮤지컬'과 '교육과정'이다. 서로 독립된 것이 아니라 긴밀하게 연결되어 있다. 뮤지컬 속에 교육과정이 있고, 교육과정 속에 뮤지컬이 있는 구조이다. 뮤지컬과 교육과정이 보다 자연스럽게 어우러지도록 하기 위한 매개체가 있는데, 바로 '소재'이다. 뮤지컬 작품을 창작할 때도 소재가 필요하고, 학생의 배움 활동을 이끌어 갈 때도 소재가 필요하다. 교육과정의 핵심 개념과 성취기준은 프로젝트의 중심축이 되는 소재를 제공한다. 교육뮤지컬 수업

의 영감을 주는 것이다.

　교육과정의 핵심 개념과 성취기준을 기반으로 뮤지컬의 다양한 구성 요소를 연결했다면, 이제 교육뮤지컬 수업의 기초 작업은 거의 완성되었다고 보아도 무방하다. 뮤지컬과 교육의 만남은 성사되었고, 이제 둘이 어떤 관계를 맺고, 어떻게 상호작용하도록 할 것인지 고민하는 과정이 남았다.

학급 교육과정과 뮤지컬

"겨울에 시작하고 겨울에 끝나서, 결국은 끝이 없는 일은 무엇일까요?" 이 퀴즈의 정답은 바로 학급 교육과정이다. 겨울방학이 되면 교사는 다가올 학생들과의 만남을 생각하며 학급 교육과정을 다듬고 계획한다. 그리고 다시 겨울방학이 되면 지난 일 년의 마무리와 동시에 다음 연도의 학급 교육과정을 준비한다.

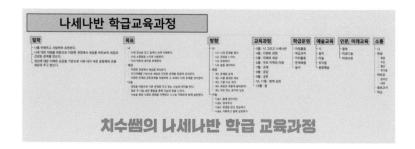

치수쌤의 나세나반 학급 교육과정

교육철학, 목표, 방향, 교육과정, 학급운영, 예술교육, 인문·미래교육, 소통의 내용을 담은 학급 교육과정을 정리하였고, 이는 일 년의 학급살이 전반과 교육과정 재구성 등의 토대가 된다. 그중 교육뮤지컬은 '예술교육'의 한 부분을 차지하고 있는데, 단순히 독립된 교육활동으로 보기 어렵다. 뮤지컬 자체가 융합적 성격을 갖고 있듯, 교육뮤지컬 수업은 매일매일의 다양한 교육활동이 켜켜이 쌓여 이루어지는 종합 교육활동이라고 볼 수 있기 때문이다.

그렇다면 교육뮤지컬 활동의 기초는 무엇일까? 많은 교사들이 우선 발음과 발성, 표현력, 스트레칭, 극작 등을 떠올린다. 이런 다양한 예술 활동의 기초 역량이 뒷받침해 준다면 교육뮤지컬 수업에 분명히 도움이 될 것이다. 만약 누군가 내게 위 질문을 던진다면, 나는 '시詩'라고 대답할 것이다. 시는 모든 예술 교육활동의 시작을 열기에 참 좋은 특성을 갖고 있기 때문이다. 그 특성이 교육뮤지컬에도 적용되는데, 그 이유를 살펴보면 다음과 같다

첫째, 길지 않다.

물론 긴 시도 많이 있지만, 대부분의 시는 학생들이 접하기에 부담스럽지 않은 분량이기에 금방 읽을 수 있다. 최근 수업의 흐름은 차시를 구분 짓지 않고 긴 호흡으로 활동을 진행하는 것이다. 하지만 모든 수업을 긴 호흡으로 끌고 가는 것은 쉽지 않다. 때로는 주어진 시간 내

에 텍스트를 습득하여 학생들의 표현 중심으로 이끌어 가야 할 때도 있다. 그럴 때 완결된 작품의 길이 자체가 길지 않은 시의 특성은 큰 장점이 된다.

둘째, 여백이 많다.

여백이 많다는 것은 학생들에게 상상할 수 있는 여유 공간을 넉넉히 제공할 수 있다는 것이다. 시와 항상 함께 따라오는 개념이 '심상心象'인데, 이는 시를 읽을 때 마음속에 그려지는 이미지이다. 누군가 보여 주는 것이 아니라 본인이 직접 상상하여 만들어 내는 이미지라는 데 의미가 있다. 자극적이면서도 직관적인 콘텐츠에 늘 노출되어 있는 학생들에게 자신만의 감성을 담은 이미지를 떠올리며 표현할 수 있는 여유 공간을 제공한다.

셋째, 음악과 긴밀히 연결된다.

시를 읽다 보면 운율이 느껴지고, 여러 번 반복해서 소리 내 읽으면 자연스럽게 선율이 따라 붙는다. 비록 그 선율이 완전하지 않아도 괜찮다. 시는 언제나 음악이 될 준비를 하고 있고, 음악은 자신의 가사로 시를 맞이할 준비를 하고 있다. 때로는 시가 이미 음악을 품고 있는 경우도 있다.

그래서 우리 반은 매일 아침 활동 시간에 시를 쓴다. 그렇게 학생들에게 익숙해진 시는 음악으로, 미술로, 신체 표현으로, 이야기 창작으로 확장되어 간다. 최종적으로 뮤지컬에서 정점을 맞이하며 학급 교육과정 속의 예술교육이 비로소 완성된다. 교육뮤지컬은 단순히 교육과정 재구성의 도구로 활용되는 것이 아니다. 학급의 다양한 활동을 아울러 담아 주는 훌륭한 그릇이고, 교실에서 학생들이 서로의 관계를 긴밀히 연결하도록 도와주는 훌륭한 생활지도 방법이 되기도 한다.

2장

왜
교육뮤지컬인가

융합을 위한 융합?
뮤지컬은 원래 융합이다

앞에서 설명했듯 뮤지컬은 하나의 작품 안에 다양한 예술 활동을 담고 있다. 공연장에 들어갔을 때 가장 먼저 만나는 무대미술, 배우의 감정과 삶이 담긴 연기, 대사로 다 전하지 못한 감정을 전해 주는 음악과 안무 등 작품 하나로 여러 예술을 만난다. 그렇다면 이런 다양한 모습을 지닌 뮤지컬이 교육과 만난다면 얼마나 다채로운 매력을 선보일 수 있을까?

이제 융합교육은 선택이 아닌 필수라고 할 정도로 학교 현장에서 보편화되어 있는 교육 방식이다. 대표적으로 주제 중심의 프로젝트 수업이 있다. 국어, 수학, 과학 등으로 분절되어 배우던 학생들은 이제 인권, 환경, 감정 등과 같이 주제를 중심으로 하여 다양한 과목이 통합된 형태로 디자인된 수업에 참여하고 있다. 주제 중심 수업을 구성하기 위해서는 주제를 담을 수 있는 과목의 성취기준을 찾고 연결하기 위한 많은 노력이 필요하다. 때로는 융합을 위한 융합이 되기도 하는데, 굳이 연결하여 지도하지 않아도 되는 내용을 억지로 연결하여 매끄럽지 않은 수업으로 진행되기도 한다.

하지만 교육뮤지컬 수업을 기획했다면 이러한 고민은 내려두어도 좋다. 뮤지컬 그 자체로 융합이기 때문이다. 인문, 예술, 기술 등 빠지는 것이 없다. 하나의 뮤지컬을 만들기 위해서 학생들은 자연스럽게 자신은 물론이고, 타인과 세상을 들여다보는 과정을 거치는데, 이 과정에서 타인과 세상을 이해하며 자신만의 시선과 가치관을 만들어 갈 수 있다. 나아가 이를 말이나 글로 표현하는 것에서 그치지 않고, 이야

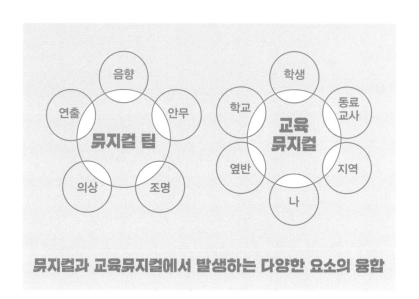

뮤지컬과 교육뮤지컬에서 발생하는 다양한 요소의 융합

기로, 극으로, 음악으로, 몸으로, 미술로 표현할 수 있게 이끌어 주는 것이 뮤지컬이다. 이러한 면에서 보자면 융합교육을 원하는 시대의 요구에 대응할 수 있는 것으로 뮤지컬을 활용한 교육활동만 한 것이 없지 않을까.

교육뮤지컬 활동이 성공적으로 이루어지기 위해서는 학생들과 교사가 하나되어 자신의 역량을 공유하며 뜻을 모으는 것이 무엇보다 중요하다. 융합적인 교육활동의 집합체인 교육뮤지컬을 만들어 가는 과정에서 생각을 나누며 하나가 되어 가는 짜릿한 경험을 해 볼 수 있다.

아이들,
수업의 주인이 되다

"학생 중심으로 수업을 진행하고 싶은데 자꾸 교사 주도의 수업이 되더라고요. 어떻게 하면 학생이 중심인 수업을 할 수 있을까요?"

교사들과 수업에 대한 이야기를 나누다 보면 이런 고민을 말하는 경우가 많다. 그분들에게 교육뮤지컬 수업을 소개하면 다음과 같은 반응을 보인다.

"제가 어떻게 뮤지컬 수업을 해요. 저는 노래도 못하고, 춤도 못 춰요. 미술 감각도 없고요."

충분히 공감이 간다. 학생 중심의 수업을 만들어 보고 싶은 마음은 크지만, 뮤지컬 수업은 많은 분들이 부담스러워한다. 그때 답변 드렸던 내용을 정리해 보면 이번 장의 답이 될 것이다.

짧은 작품이라도 만들어 보는 교육뮤지컬 수업을 기획한다면 대략 다음과 같은 흐름으로 진행할 것이다. 모든 수업이 그렇듯 상황에 따라 활동의 구성에는 더하기와 빼기가 가능하다.

- 주제와 소재 탐색
- 이야기 만들기
- 음악 연결하기
- 안무와 동선 만들기
- 소품, 의상 준비
- 무대 디자인
- 연습
- 공연

교육뮤지컬 수업을 진행하는 과정에서 교사의 역할은 기획자이자 제작자다. 물론 학생들을 안내하는 역할도 한다. 주제와 소재를 탐색하고, 이야기를 만들고, 어울리는 음악을 선정하여 가사를 쓰고, 음악에 어울리는 안무를 만들고, 필요한 소품과 의상을 떠올려 준비하고, 연습하여 무대에 작품을 올리는 것은 학생들의 몫이다. 만일 수업의 목적이 완벽한 뮤지컬 공연을 올리는 데 있다면 교사의 손이 더 많이 가겠지만, 교육뮤지컬 활동을 통해 학생들이 그동안 배운 내용을 활용하여 표현해 보는 정도의 목적이라면 교사가 활동을 안내해 주는 것

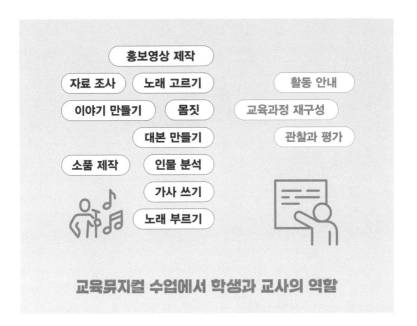

교육뮤지컬 수업에서 학생과 교사의 역할

만으로도 충분히 훌륭한 교육뮤지컬 수업이 될 수 있다.

교사의 역할은 학생들이 흥미를 가지고 적극적으로 활동에 참여할 수 있도록 수업을 기획하고, 이를 교육과정과 긴밀하게 연계하여 수업 시간 내에 충분히 진행할 수 있도록 교육뮤지컬 수업을 디자인하는 것이다.

하지만 너무 걱정하지 않아도 된다. 이미 교육뮤지컬 수업의 일반적인 과정과 방법은 어느 정도 존재하기 때문이다. 학생이 중심이 되는 수업을 꿈꾸고 있다면 교육뮤지컬 수업에 도전해 보길 추천한다.

교사,
나만의 색을 입히다

세상에 완벽한 사람은 없다. 누구나 강점과 약점을 갖고 있다. 다만 자신의 강점과 약점을 이해하고, 이를 적절히 활용하여 더 나은 결과를 만드는 사람이 있을 뿐이다. 뮤지컬의 융합적 특성은 어떻게 바라보느냐에 따라 약이 되기도 하고, 독이 되기도 한다. 다 잘해야 한다고 생각하면 학교 현장에서는 할 수 없는 부담스러운 활동이 되고, 다양한 구성 요소로 이루어져 있으니 잘 활용하면 약점을 가리고 강점을 살려 최대의 효과를 내는 교육활동이 될 수 있다.

고백하자면 나는 몸치이다. 어린 시절부터 몸이 뻣뻣해서 다리 찢기도 쉽지 않았고, 쉬운 율동 하나도 잘 외우지 못해서 옆 친구가 하는 것을 곁눈질로 보면서 따라 했다. 그래서 항상 몸을 잘 쓰는 사람이 가장 부럽다.

이런 내가 교육뮤지컬 수업을 할 수 있는 것은 안무가 뮤지컬의 전부는 아니기 때문이다. 이야기도 있고, 음악도 있고, 무대 효과도 있다. 내 약점을 보완해 줄 수 있는 여러 요소가 존재한다. 운이 좋아 뮤지컬 강사와 협력수업을 하게 되면 안무 파트에 도움을 얻을 수 있어 부족한 부분을 더 보완할 수 있다. 그러한 상황이 안 되더라도 유튜브에서 적절한 영상을 찾아 학생들에게 소개하고 더 많은 표현을 이끌어 낼 수 있었다.

대신 나는 이야기 창작에 공을 들인다. 글을 잘 쓰는 것도, 책을 많이 읽는 것도 아니지만, 개인적으로 서로 다른 두 대상의 공통점을 찾아서 연결해 보는 습관이 있고, 또 좋아한다. 그래서 내가 진행한 교육뮤지컬에서 독특한 이야기 전개를 매력으로 꼽는 이들이 많았다. 과거의 역사 이야기와 현재 학생들의 교실에서의 삶을 연결한 뮤지컬 수업을 진행했고, 『어린왕자』와 인권 문제를 연결하여 뮤지컬을 만들기도 했으며, 인공지능과 사람의 관계에 대해 고민하는 뮤지컬 수업도 진행했다.

교육뮤지컬 수업의 기획과 제작은 교사의 몫이다. 모든 것을 잘하지 않아도 된다. 수업을 진행하는 교사의 강점을 살린 뮤지컬 수업을 디자인하면 된다. 부족한 부분은 학생들과 함께 채워 가면 된다. 약점을 보완할 수 있는 방법은 많다. 중요한 것은 교사와 학생들의 색깔이 담긴 뮤지컬 수업을 만드는 것이다.

모두에게 역할이 주어지다

수업 중 모둠활동이나 전체 활동을 진행하다 보면 '무임승차'하는 학생을 발견하는 경우가 있다. 그래도 어찌 보면 무임승차는 낫다. 승차는 하고 있으니까. 더욱 마음 아픈 것은 아예 그 버스에 타지도 못한 학생이다. 여러 가지 원인이 있겠지만, 그러한 상황이 반복될수록 그 학생은 모둠활동에서 아무것도 하지 않는 것이 습관이 되어 버린다. 학교 배움 활동에서 아무것도 하지 않는 것이 익숙해진 학생은 학급 친구들의 원성을 산다.

모둠활동을 할 때는 역할이 있다. 이끔이, 기록이, 나눔이 등이다. 그런데 이것만으로는 배움 활동 자체에서 학생들의 참여를 이끌어 내는 것이 쉽지 않다. 역할이 분절되어 있고, 많은 부분을 이끔이에게 미루는 경우도 쉽게 볼 수 있다. 교육뮤지컬 수업 역시 수많은 역할이 생기는데, 다행스럽게도 모든 이에게 역할이 주어진다. 교육뮤지컬 활동을 할 때는 기획, 극작, 연출, 작곡, 작사, 안무, 배우, 무대미술, 의상, 소품, 조명, 음향, 홍보, 관객, 비평가 등 수많은 역할이 필요하다. 그래서 일부 학생으로는 활동을 이끌어 가는 것이 어렵다.

이렇게 말하면 학생들이 엄청난 전문성을 가져야 하는 것처럼 보이지만, 실제로 교실에서 이루어지는 활동을 보면 그렇게 어려운 역할은 아니다. 예를 들어, 조명 역할을 살펴보자. 교실에 늘 존재하는 조명의 종류는 2가지다. 햇빛과 형광등이다. 상황에 따라 스마트폰도 하나의 조명이 될 수 있다. 조명 역할을 맡은 학생은 이 2가지의 빛을 조절하면 된다. 공연 연습을 할 때면 커튼을 치고 형광등 버튼 앞으로 가서 선다. 극의 흐름에 따라 불을 켜거나 끈다. 얼핏 보면 별일 아닌 것 같지만, 조명 효과가 있는 것과 없는 것은 천지 차이이기에 조명 역할을 맡은 학생은 교육뮤지컬 수업 활동에서 없어서는 안 되는 아주 중요한 존재가 된다.

음향 역할은 어떠한가. 교실에서 뮤지컬 공연을 한다면 동원할 수 있는 음향 장비는 2가지가 있다. TV 스피커 혹은 블루투스 스피커이다. TV 스피커로 소리가 나온다는 것은 PC를 활용한다는 의미이고, 음향 담당 학생은 마우스로 타이밍에 맞추어 음악을 틀고 끄면 된다. 블루투스 스피커를 활용한다는 것은 아마도 스마트폰으로 음향을 조절하는 것일 테고, 담당 학생은 스마트폰으로 약속된 시간에 약속된 파일을 재생하면 된다. 조명을 맡은 학생과 마찬가지로 음향 담당 학생도 중요한 존재이다.

교육뮤지컬에서의 역할은 이런 것이다. 나누어서 할 만한 역할의 종류가 다양하기에 모든 학생이 활동에 참여할 수 있다. 어렵지도 않다. 누구나 조금의 노력만 기울이면 해낼 수 있는 것이기에 학생들은 쉽게 성취감을 맛볼 수 있다.

게다가 학생들이 뮤지컬 활동에 더욱 많이 참여할 수 있게 하는 팁도 있다. 작품을 구성할 때 여러 명이 무리 지어서 등장하는 장면을 여러 번 넣거나, 단체로 노래하고 춤추는 장면을 꼭 넣는 것이다. 친구1, 친구2, 친구3과 같이 무리 지어 등장하여 대사를 하나씩 던지는 역할을 넣어 주면 소심한 학생들도 큰 거부감 없이 참여할 수 있다. 그리고 대사는 항상 수정 가능성을 열어 둔다. 처음에는 짧은 대사를 제공하다가 학생이 어느 정도 주어진 대사에 익숙해지면 조금씩 대사를 늘려 가기도 한다.

단체 안무를 할 때도 춤추는 것을 너무 어려워하는 학생들이 있다면 동선을 많이 활용하면 좋다. ㄱ자 모양에서 ㅁ대형으로, 가로에서 세로로 동선을 바꾸어 주는 것만으로도 안무 효과를 줄 수 있다. 동선을 활용한 뮤지컬 안무는 학생들이 부담 없이 참여할 수 있고, 이렇게 하면 모든 학생이 참여하는 감동적인 장면을 연출할 수 있게 된다.

한번은 이런 일이 있었다. 학기초 한 명씩 자기소개를 하였는데, 한 학생이 앞에 나와서는 아무 말도 하지 않았다. "혹시 발표하는 것이 좀 어렵니?"하고 묻자 이내 울음을 터뜨렸다. 우선 자리로 들여보내고 학생이 진정된 후에 이야기를 들어 보니 유치원 때 발표를 하다가 친구들의 비웃음을 받은 경험 이후에 사람들 앞에 서서 말하는 것이 두려워졌다고 한다. 이후 그 학생에게는 억지로 발표를 시키지 않았고, 기회가 닿으면 부담을 느끼지 않는 선에서 발표 활동에 참여하도록 했다.

당시 학급에서 교육뮤지컬 수업을 진행하게 되었다. 지역의 역사적인 인물을 조사하고, 우리 반에 그 인물들이 찾아온다면 누가 반장이 될 것인가 고민해 보는 주제를 담은 뮤지컬 수업을 기획했다. 학생들과 함께 이야기를 만들고, 대본을 완성했다. 그리고 각 역할에 맡는 캐스팅을 진행했다. 정말 깜짝 놀란 것은 발표를 두려워하던 그 학생이 주인공 오디션에 지원한 것이다. 마음속으로는 꼭 뽑아 주고 싶었지만 오디션은 공정하게 진행되어야 했기에 연습 기간을 주고 공개 오디션을 치렀다.

결과는 탈락. 개인적으로 너무나 안타까웠지만 어쩔 수 없었다. 주인공 오디션이 끝나고 주·조연급의 오디션이 있었는데, 그 학생은 또다시 도전했다. 그리고 친구들 앞에서 자신 있게 대사를 읽고 합격하여 3줄의 대사가 있는 역할을 얻어 냈다.

주요 역할을 맡게 된 학생들은 주말 동안 대사를 익혀서 오기로 하였는데, 월요일에 등교하자마자 그 학생이 대본을 들고 "선생님!" 하면서 달려왔다. 무슨 일이냐 물었더니 "저 주말 동안 정말 열심히 대사를 외웠거든요. 그런데 아직 못 외웠어요. 그래도 이제 안 끊어지게

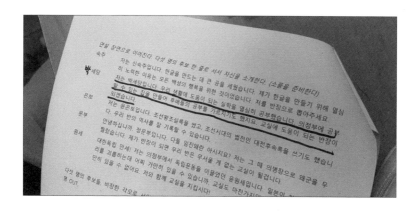

잘 읽어요!" 하고 들뜬 목소리로 말했다. 칭찬을 듬뿍 해 주고 학생이 열심히 밑줄 쳐 놓은 대본을 기념으로 촬영해 두었다. 학생은 이후에도 자신이 직접 얻어 낸 값진 역할에 최선을 다했고, 멋지게 공연을 마무리할 수 있었다.

무엇이 학생의 마음을 움직였을까. 만일 지역의 역사 인물에 대해 조사하고 발표하는 것으로 수업을 마쳤다면 과연 이 학생이 많은 사람들 앞에서 발표하는 것에 대한 두려움을 극복하는 기회를 만날 수 있었을까. 교육뮤지컬 활동을 통해서 '나만의 역할'을 수행해 본 경험을 한 그 학생은 이후 학급 활동에서 이전보다 적극적으로 참여했다. 물론 하루아침에 발표 능력이 눈에 띄게 신장한 것은 아니지만, 더 이상 발표가 두려워서 울거나 힘들어 하는 모습을 보이지는 않았다. 모두에게 공평하게 주어지는 교육뮤지컬에서의 역할 분담이 빛을 발했던 귀한 사례로 남았다.

뮤지컬,
공유하는 문화가 되다

교육뮤지컬 활동을 학급 프로젝트로, 또 학년 단위로도 진행해 보았다. 나아가 학교 교육과정에 포함하여 전교생과 진행하기도 했다. 뮤지컬 동아리의 경우에는 다른 지역의 초등학교 뮤지컬 동아리와 교류하기도 한다. 앞서 뮤지컬은 작품 속 가상의 세계에서 각자 역할을 맡아 함께 연기하고, 노래하고, 춤추며 하나가 되어 가는 것이라 했다. 그런데 각 공동체가 뮤지컬 활동을 하며 만든 가상의 세계는 다른 공동체가 만든 또 다른 가상의 세계를 만나 확장될 수 있다.

2018학년도부터 매년 동학년 교사들과 함께 일 년에 한 번은 공동으로 뮤지컬 프로젝트 수업을 진행하고 있다. 같은 주제를 다른 방법으로 풀어 가는 방식이다. 한 번은 6학년 4개 학급이 공동 프로젝트를 진행했다. 역사 이야기를 학교에서 발생하는 현실의 삶과 연결하여 뮤지컬로 만들어 보았다. 3.1운동부터 5.18민주화운동까지 다양한 역사 사건을 바탕으로 작품을 창작하였고, 공동 작품 발표회를 할 때는 시간 흐름에 따라 발표 순서를 정하였다. 4개의 작품이 모여 마치 한 편의 역사 뮤지컬이 된 것 같은 느낌이 들었다.

4학년 3학급에서 역사 인물을 주제로 뮤지컬을 만들었던 경험도 있다. 두 달여 동안 자료를 찾고, 이야기를 만들고, 음악을 연결했다. 이후에 전문 뮤지컬 강사의 도움을 받아 안무 및 동선 등을 만들어 작품 발표회를 열었다. 각 교실에서는 작품을 만들고 공연을 준비한다는 하나의 목표를 향해 함께 노력했고, 다른 반 학생들과는 어떤 이야기를 만들고 있는지, 어떤 음악을 골랐는지 소통할 수 있었다.

그때는 하루에 모든 공연을 한 것이 아니라, 하루씩 공연날을 정했

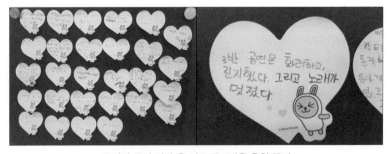

뮤지컬 공연 관람 후 서로 주고받은 응원 쪽지

다. 하루는 1반, 하루는 2반, 하루는 3반에서 공연이 이루어지는 방식이었다. 동학년 나름의 역사 뮤지컬 축제 기간이 된 것이다. 학생들은 오늘은 옆 반에서 어떤 작품이 펼쳐질지 기대하며 공연 시간을 기다렸다. 관객으로 참여한 학생들은 공연 관람평을 쪽지에 적어 공연한 학급에 선물로 주었다. 서로의 공연 감상평을 주고받는 경험을 통해 우리 학년은 따뜻한 마음을 나눌 수 있었다.

교사 연구실에서는 진행 과정과 다음 활동에 대해 이야기를 나누었다. 뮤지컬을 활용한 교육활동을 통해서 90명의 학생과 교사들이 하나의 문화를 만들고 공유할 수 있는 귀한 경험을 할 수 있었다.

뮤지컬,
핵심역량을 품다

OECD에서는 미래사회가 요구하는 핵심역량을 연구하기 위하여 'OECD Education 2030: 미래교육과 역량' 프로젝트를 진행하고 있으며, 이는 역량 중심의 교육을 강조하는 2015 개정 교육과정과 맥을 같이한다. OECD에서 제시한 학습 프레임워크에서는 미래사회에 필요한 핵심역량으로 '새로운 가치 창조', '긴장과 딜레마 해소', '책임감'을 말한다. 이를 통해 이루고자 하는 교육 목적은 '개인과 사회의 웰빙'으로 규정한다. 위 내용은 미래를 대비하는 교육에 대한 하나의 제안에 불과하나, 우리가 앞으로 어떻게 교육을 이끌어 가야 하는지에 대한 방향성을 보여 주기에 충분하다.

창의적으로 생각하며 새로운 사회적 모델을 개발하는 '새로운 가치 창조 역량', 상호의존적인 동시에 갈등이 존재하는 세계에서 개인과

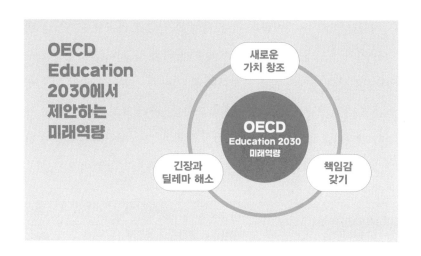

가족, 지역사회의 웰빙을 달성하기 위한 '긴장과 딜레마 해소 역량', 자신의 행동이 가져올 결과를 예측하고 그 위험과 보상을 평가하며 책임감을 갖고 수용하는 '책임감 역량'은 학생들이 미래사회를 살아가기 위해 함양해야 할 요소이다.

2015 개정 교육과정은 역량 중심 교육과정이라고도 하는데, 추구하는 인간상을 구현하기 위하여 학교교육 전 과정을 통해서 6가지 핵심역량을 기른다고 명시하고 있을 정도로 역량을 강조하고 있다. OECD Education에서 제시한 역량과는 다르지만, 자세히 들여다보면 2015 개정 교육과정의 6가지 핵심역량을 함축해 놓은 것처럼 유사하다.

'책임감 갖기'는 자기관리 역량, 공동체 역량과 연결할 수 있고, '새로운 가치 창조'는 지식정보처리 역량, 창의적 사고 역량과 연결할 수 있다. '긴장과 딜레마 해소'는 의사소통 역량과 긴밀한 관련이 있으며, 인간에 대한 공감적 이해와 문화적 감수성을 바탕으로 삶의 의미와 가치를 발견하고 향유하는 심미적 감성 역량은 모든 역량의 밑바탕이 된다. 그렇다면 이러한 핵심역량은 뮤지컬 활동과 어떤 관련이 있을까?

교육뮤지컬 수업의 주요 과정	핵심역량					
	자기 관리	지식 정보처리	창의적 사고	심미적 감성	의사 소통	공동체
주제 및 소재 탐색		○	○		○	
이야기 만들기	○	○	○	○	○	○
대본 만들기		○	○	○	○	○
음악 연결하기			○	○	○	○
안무와 동선 만들기			○	○	○	○
소품, 의상 준비하기	○		○	○	○	○
홍보하기		○	○	○	○	○
공연 준비하기	○			○	○	○
공연 및 소감 나누기	○			○	○	○

교육뮤지컬 수업의 일반적인 과정을 살펴보면 뮤지컬을 통해 학생들이 어떻게 역량을 함양하게 되는지 알 수 있다. 작품을 공동 창작하는 과정 속에서 학생들은 자신이 할 수 있는 역할을 찾아 수행하며 책임 의식을 갖고, 자아정체성과 자신감을 갖게 된다(자기관리 역량). 이

2015 개정 교육과정 속 핵심역량과 뮤지컬의 관계

야기를 창작하기 위해 다양한 자료를 수집하고, 개념을 이해하고, 사례를 분석하고 우리의 언어로 바꾸어 표현하는 과정을 겪는다(지식정보처리 역량). 창작과 표현의 모든 과정에서 학생들의 창의적 사고가 필요하며, 협력예술의 경험을 통해 하나의 공동체에서 타인과 소통하며 목표를 이루어 가는 과정을 체험할 수 있다(창의적 사고 역량, 심미적 감성 역량, 의사소통 역량, 공동체 역량).

따라서 교육뮤지컬은 학생의 배움을 중심으로 하는 수업, 융합교육, 역량 중심의 교육을 모두 아우르는 미래교육의 한 대안이 될 수 있다.

3장

교육뮤지컬 수업 디자인하기

6단계 교육뮤지컬 수업 디자인 과정

디자인은 여러 분야에서 다양한 의미로 사용하는 용어지만, 보통 추상적인 대상을 실체화하기 위하여 계획하고 설계하는 과정을 의미한다. 디자인Design의 어원은 라틴어인 '데시그나레Designare'로 알려져 있다. '분리하다', '취하다'라는 뜻의 접두어 'de'와 기호나 상징을 뜻하는 'Signare'가 결합한 단어로 '기호를 분리하여 새로운 기호를 창조하다'라는 의미를 담고 있다.

수업을 만들어 가는 과정에 이 개념을 적용하면 '수업 디자인'이 된다. 세상에 존재하는 수많은 기호를 교사의 의도에 따라 선별하고 재배치하여 학생들이 배움의 목표를 이룰 수 있도록 안내하기 위해 최적의 수업을 기획하는 일련의 과정으로 볼 수 있다. 수업 디자인에 뮤지컬을 더한 '교육뮤지컬 수업 디자인'에는 뮤지컬을 활용한 수업이라는 전제가 깔려 있다.

　디자이너마다 자신만의 디자인 과정과 색깔이 있듯 교사가 수업을 디자인하는 과정도 마찬가지다. 교육뮤지컬 수업을 디자인하는 과정도 다양하게 존재한다. 뮤지컬 수업 디자인이 익숙하지 않다면 어느 정도의 기준점이 필요할 것이다. 그래서 지금껏 시도했던 뮤지컬 교육 활동을 분석하여 개발한 6단계의 교육뮤지컬 수업 디자인 과정을 소개하고자 한다. 수업을 디자인하는 과정에는 정답이 없으므로 참고용으로 활용해 주기를 바란다. 어떤 과정은 과감히 빼도 좋고, 과정을 줄이거나 10단계, 12단계로 확장하여 활용해도 괜찮다.

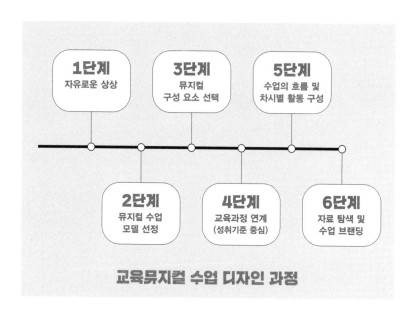

교육뮤지컬 수업 디자인 과정

주제와 소재에 따라서, 프로젝트의 방향에 따라서 교육뮤지컬 수업은 여러 방식으로 변주된다. 하루만에 끝내는 '원데이 클래스' 형식의 뮤지컬 수업부터 한 학기 혹은 일 년을 바라보며 느린 호흡으로 길게 진행하는 프로젝트 형식의 교육뮤지컬 수업까지 다양하다. 펼쳐지는 방식은 저마다 다르지만 교육뮤지컬 수업을 디자인하는 과정은 비슷하다.

Step 1
자유로운 상상

교육뮤지컬 수업 디자인의 시작은 바로 '상상'이다. 그것도 그냥 상상이 아니라 자유로운 상상이다. 인간이 만들어 낸 모든 존재는 무언가로부터 얻은 영감과 그로부터 시작된 상상과 실현을 통해 탄생하였다. 수업도 그렇다. 예술적 관점이나 공학적 관점 등 수업 디자인을 바라보는 관점은 다양하지만, 공통적인 것은 모든 수업이 교사의 교육적 영감으로부터 시작된다는 것이다.

자유로운 상상은 '큰 그림'을 그리는 것이다. 보통은 3단계의 과정을 따르며 점차 구체화한다. 이 과정을 사진에 비유한다면 '이 풍경은 정말 아름다워! 담아 둬야겠어.'라고 생각하며 넓은 범위를 사진으로 담았다(1단계). 그중에서도 특히 마음에 드는 부분을 골라 확대하여 자세히 살펴본다(2단계). 작품을 한 문장으로 표현해 본다(3단계).

1단계 교육뮤지컬 수업으로 다루고 싶은 키워드(주제나 소재)를 떠올린다.

2단계 키워드를 가운데 두고 떠오르는 내용을 무엇이든 적어 본다.

3단계 교육뮤지컬 수업의 전체적인 콘셉트를 한 문장으로 정리해 본다.

예시와 함께 살펴보자.

1단계 키워드 떠올리기
- 마을

2단계 키워드 연상하기
- 오래된 가게
- 마을 친구
- 어린이와 노인
- 아이들이 가지 않는 공간
- 점점 잊혀져 가는 곳
- 이발소와 사진관

3단계 한 문장으로 정리하기

늘 우리 곁에 존재했으나 우리가 찾아가지 않아서 점차 잊혀져 가는 우리 마을의 공간을 찾아 아이들의 삶과 뮤지컬로 연결해 보자!

이제 직접 자유로운 상상에 도전해 보자. 학생들과 어떤 뮤지컬 수업을 해 보고 싶은가? 원하는 뮤지컬 수업을 자유롭게 상상하여 3단계로 풀어 가면 된다.

교육뮤지컬 수업
모델 선정

　뮤지컬 수업이라고 하면 보통 뮤지컬 작품을 창작하거나 기존에 있는 작품을 가지고 공연을 만들어 가는 방식의 교육활동을 떠올리기 쉽다. 그런데 생각보다 다양한 형태의 뮤지컬 수업이 있다. 이를 '뮤지컬 수업 모델'이라고 이름 붙였다. 수업 모델에 따라서 자연스럽게 기획 방향과 활동의 흐름도 달라진다.

　뮤지컬 수업 모델로는 '감상 중심 뮤지컬 수업', '창작 중심 뮤지컬 수업', '공연 중심 뮤지컬 수업'이 있다. 각각의 모델은 독립적이기보다는 상호 보완적인 성격을 갖고 있다. 3가지 모델을 혼합하여 사용할 수도 있고, 여기에 제시하지 않은 새로운 방식의 모델도 가능하다.

　뮤지컬 수업 모델을 명확하게 정하고 시작해야 하는 것은 아니다. 서로의 모델을 넘나들며 서로 보완할 수 있는 형태이기 때문이다. 활동을 진행하며 여러 모델이 융합된다고 하더라도 뮤지컬 수업을 기획하는 과정에서는 어느 정도의 기준점이 있으면 활동 구성이 편해진다. 3가지 뮤지컬 수업 모델을 통해 앞으로 어떤 방향의 교육뮤지컬 수업을 해 보고 싶은지 상상해 보자.

감상 중심 뮤지컬 수업

뮤지컬 수업을 처음 접하는 교사와 학생들에게 부담이 크지 않은 뮤지컬 활용 수업 모델이다. 많이 알려진 작품을 관람하고 소감을 나누는 정도의 체험 중심 뮤지컬 교육에서 나아가 뮤지컬 작품 자체를 교육의 관점에서 분석하고, 수업 활동에 적절히 투입하여 학생의 배움을 이끌어 가는 연결고리로 활용하는 것이다.

이미 학교 현장에서는 한 학기 한 권 읽기 독서교육이 보편화되었다. 국어 교과서에도 「독서」 단원이 있고, 한 권 읽기 활동에 대한 교사들의 오랜 고민을 바탕으로 한 다양한 교육활동 자료도 쉽게 찾아볼 수 있다. 한 학기 한 권 읽기 교육은 '온작품읽기'라고도 불리듯 기존 단편적 부분 읽기에서 나아가 책 한 권을 온전히 함께 읽는 과정 속에서 만날 수 있는 교육적 요소를 미리 분석하여 수업 시간에 주요 배움 활동으로 다룬다. 2015 개정 국어과 교육과정에는 교수·학습의 방향에서 한 권 읽기 활동에 대하여 다음과 같이 명시하였다.

한 학기에 한 권, 학년(군) 수준과 학습자 개인의 특성에 맞는 책을 긴 호흡으로 읽을 수 있도록 도서 준비와 독서 시간 확보 등의 물리적 여건을 조성하고, 읽고, 생각을 나누고, 쓰는 통합적인 독서 활동을 학습자가 경험할 수 있도록 한다.

감상 중심 뮤지컬 수업 모델도 한 학기 한 권 읽기 독서교육과 비슷한 맥락으로 보면 된다. 교육과정에서 언급한 내용을 뮤지컬 작품으로 바꾸어 읽어 보자.

한 학기에 한 **작품**, 학년(군) 수준과 학습자 개인의 특성에 맞는 **뮤지컬 작품**을 긴 호흡으로 **관람**할 수 있도록 **작품** 준비와 **관람** 시간 확보 등의 물리적 여건을 조성하고, **보고**, 생각을 나누고, **표현**하는 통합적인 **뮤지컬 교육**활동을 학습자가 경험할 수 있도록 한다.

감상 중심 뮤지컬 수업이라고 해서 감상만으로 그치는 것은 아니다. 독서 활동을 하면서 책 내용과 관련하여 중간중간 토의·토론을 하고, 미술 활동도 하고, 그외 여러 표현 활동을 하는 것처럼 다양한 배움 활동이 함께한다. 이 수업 모델에서 가장 중요한 것은 '작품 선정'이다. 어떤 작품이냐에 따라서 학생들과 이야기 나눌 수 있는 주제와 소재가 달라지기 때문이다. 감상 중심 뮤지컬 수업 모델을 선정했다면 다음과 같은 질문을 통해 수업 디자인의 방향을 구체적으로 설정하는 것이 좋다.

1. 나는 학생들과 어떤 주제로 배움의 시간을 갖고 싶은가?
2. 이 주제와 어울리는 뮤지컬 작품으로는 무엇이 있는가?
3. 내가 원하는 작품을 구할 수 있는가?

아마 첫 번째 질문은 비교적 부드럽게 넘어갈 가능성이 높다. 두 번째 질문은 다양한 뮤지컬 작품에 대해서 잘 알지 못하는 경우 답변이 어려울 수 있다. 그래도 검색을 통해 어느 정도 해결이 가능하다. 문제는 세 번째 질문이다. 어쩌면 이 질문을 받고 속이 답답할지도 모르겠다. 마음 같아서는 학생들을 데리고 공연장에 가서 즐겁게 감상하고 돌아와서 수업을 진행하면 참 좋겠는데, 현실적으로 어려운 일이다.

이처럼 독서 활동에 비해 뮤지컬 감상 중심 수업은 제한적일지도 모른다. 학생들이 온전히 감상할 수 있는 작품을 찾는 것이 쉽지 않기 때문이다. 그렇다고 해서 불가능한 것은 아니다. 찾아오는 공연이나 찾아가는 공연 관람이 어려운 상황에서의 감상 중심 뮤지컬 수업을 위한 몇 가지 방법을 안내한다. 학교 현장에서의 현실적인 접근 가능성을 고려하여 5단계로 나누었다.

- 1단계 뮤지컬 영화나 뮤지컬 애니메이션 찾아보기
- 2단계 뮤지컬 공연 실황 영상 CD나 DVD 찾아보기
- 3단계 웹뮤지컬* 찾아보기(무료/유료)

- 4단계 유튜브, 네이버 라이브 스트리밍 등 영상 플랫폼을 통해 공개된 풀 버전의 공연 영상 찾아보기(무료/유료)
- 5단계 공연 제작사와의 계약을 통해 공연 영상 제공받기**

물론 풀 버전의 작품을 관람하는 것이 좋겠지만, 현실이 여의치 않는 경우 몇 개의 뮤지컬 넘버와 장면을 선정하여 진행해도 괜찮다. 이렇게 방향을 설정했을 경우에는 유튜브에 거의 대부분의 공연 클립 영상이 공유되고 있기에 큰 어려움 없이 교육활동 자료를 구할 수 있을 것이다. 다만 어떤 작품을 선정할 것이며, 그 작품 속에서 어떤 장면과 넘버를 활용하여 학생들의 배움을 이끌어 갈 것인지에 대한 고민이 필요하겠다.

창작 중심 뮤지컬 수업

감상 중심 뮤지컬 수업이 뮤지컬을 감상하는 활동에서 시작하여 여러 배움 활동으로 확장되어 가는 과정이었다면, 창작 중심 뮤지컬 수업은

* 웹web과 뮤지컬musical의 합성어로, 웹에서 관람하기 위해 창작된 새로운 양식의 뮤지컬이다. 기존의 공연 실황 영상이 무대에서의 공연을 영상으로 담는 방식인 것과 달리, 웹뮤지컬은 기획 및 연출 단계에서부터 영상화를 고려하여 진행하고 창작한다는 점에서 차이가 있다.
** 교실에서 단독으로 진행하기에는 예산 확보가 어려울 것으로 예상된다. 학년 혹은 학교단위에서 추진하는 것이 좋다.

뮤지컬을 창작하고 표현하는 활동에 집중하여 여러 배움의 요소를 성취하는 것을 목표로 한다.

창작 중심 뮤지컬 수업에서의 뮤지컬은 이야기, 음악, 안무, 무대를 모두 포함하는데, 막과 장으로 이루어진 완전한 형태의 작품이 아니어도 괜찮다. 다양한 뮤지컬 구성 요소의 결합이라고 보는 것이 더 적합하다. 학생들은 자율적으로 소재를 탐색하고, 이야기를 창작하며, 음악과 연결해 표현하는 등 뮤지컬 구성 요소의 적절한 결합을 통해 융합적으로 표현한다.

이 모델의 특징은 앞서 소개한 감상 중심 뮤지컬 수업과 뒤에 나올 공연 중심 뮤지컬 수업의 중간에 위치하고 있다는 것이다. 감상 중심 수업 모델에 비하여 역동적이고, 공연 중심 수업 모델에 비하여 소재에 좀 더 집중할 수 있다는 장점이 있다. 이는 작품을 창작하는 체험을 하면서도 공연에 대한 부담을 줄여, 보다 편안한 마음으로 소재 탐색과 표현 활동에 몰입할 수 있게 한다.

예를 들어, 같은 주제로 A교사는 감상 중심 뮤지컬 수업을, B교사 창작 중심 뮤지컬 수업을 각각 20차시로 구성한다고 가정해 보자. 아마도 두 교사의 수업에는 뮤지컬 관련 감상 활동도 있고, 창작 활동도 있을 것이다. 그런데 A교사가 디자인한 수업에서는 많은 부분에서 작품을 깊이 있게 감상하고 해석하는 과정이 포함된다. B교사가 디자인한 수업에서도 일부의 작품을 감상하거나 친구들이 창작한 짧은 장면을 감상하는 활동이 포함되어 있겠지만 주된 활동으로 보기는 어렵다.

아마도 이야기를 창작하고, 음악과 연결해서 표현하고, 간단한 안무를 만들어 보면서 배움을 찾아가는 과정에 집중하게 될 것이다.

이와 같이 뮤지컬 수업 모델은 방향을 잡기 위해 설정하는 것이지 절대적으로 정해진 답이 있거나 규칙이 있는 것은 아니다.

공연 중심 뮤지컬 수업

공연 중심 뮤지컬 수업 모델은 말 그대로 공연을 전제로 한다. 공동체 구성원이 역할을 분담하여 일련의 과정을 거치며 겪는 경험 속에서 얻을 수 있는 교육적 가치에 대한 기대를 담고 있다. 이 모델은 학생들에게 무대에서의 공연 경험을 갖게 하는 것이 목표이다. 물론 모든 학생이 배우가 되어야 하는 것은 아니다. 공연 경험의 범위는 꽤 넓다.

만약 학생들과 함께하는 작품이 창작품이라면 작품을 창작하기 위해 소재를 탐색하고 토의하는 과정부터가 공연 경험의 시작이다. 기존 작품을 각색하거나 그대로 하는 경우더라도 함께 대본을 찾고, 읽고, 호흡하며 연기를 맞추어 보는 등 공연을 하기 위한 모든 과정을 포함한다. 공연 기획자에서부터 창작과 연출진, 배우와 스태프, 홍보 및 마케팅 등 뮤지컬 한 편이 무대에 올라 관객과 만나고 새로운 의미를 갖게 되는 모든 과정이 공연 중심 뮤지컬 수업에 담겨 있다.

창작 중심 뮤지컬 수업과의 가장 큰 차이점은 '공연'이 갖는 의미에 있다. 창작 중심 뮤지컬 수업에서는 어떠한 소재를 탐구하고 해석하는 과정을 기반으로 뮤지컬의 요소를 활용한 창작과 표현에 방점이 있어서 공연에 큰 부담이 생기지는 않는다. 달리 말하면 공연을 준비하는 과정 자체에 많은 에너지를 쓰지 않는다는 것이다.

공연 중심 뮤지컬 수업 또한 창작과 표현이 중요한 과정인 것은 분명하지만, 방점은 공연에 찍히게 된다. 따라서 관객에 대한 고려와 무대에서의 행동과 태도, 배우와 스태프 등 구성원 간의 호흡과 책임 의식 등에 좀 더 신경을 쓰게 된다.

그러나 명심해야 할 것은 교육뮤지컬은 학생들의 배움을 돕는 역할을 하는 것이지, 그 자체로 완전한 목적이 되는 것은 그다지 바람직한 일이 아니다. 학급에서 진행하는 뮤지컬 수업에서 공연에 너무 많은 부담을 갖게 되어 오히려 학생과 학생, 학생과 교사 사이에 갈등이 생겨 서로 상처를 주는 모습도 많이 보았다.

공연 중심 뮤지컬 수업에서 학생들은 '공연'이라는 귀한 경험을 통해 삶 속의 배움으로 연결해 가는 기회를 얻게 될 것이다. 교사 또한 마찬가지다. 공연 중심 수업 모델을 선정할 경우에는 교사의 확고한 철학이 필요하다.

"아이들은 뮤지컬 배우가 되어야 하는 것이 아니다. 뮤지컬로 배우는 것이다."

교육뮤지컬
구성 요소 선정

1장에서 뮤지컬 구성 요소에 대한 이해를 바탕으로 교육과정과 뮤지컬이 만나 수업이 되어 가는 과정을 큰 그림으로 살펴보았다. 이번에는 이를 좀 더 자세히 들여다보고, 수업 환경과 방향에 따른 뮤지컬 구성 요소의 선정 및 배정 과정에 대하여 알아볼 것이다.

뮤지컬이 부담스럽게 다가오는 이유는 너무 많은 것을 포함하고 있기 때문이다. 뮤지컬의 가장 큰 장점도 같은 이유이다. 많은 것을 포함할 수 있다는 점. 뮤지컬의 융합적인 특성을 어떻게 바라보고 활용하느냐에 따라서 큰 무기가 될 수도 있고, 부담이 될 수도 있다. 이왕 뮤지컬 수업을 하기로 했다면 이를 무기로 활용하는 것이 좋지 않겠는가. 간단한 2가지 질문을 통해서 뮤지컬의 융합적 특성을 무기로 발전시킬 수 있다.

1. 나는 무엇을 잘하거나 좋아하는가?
2. 우리 반 학생들은 무엇을 잘하거나 좋아하는가?

교육뮤지컬은 공동체 구성원의 역량을 모으고, 나누고, 연결하여 복잡한 네트워크를 형성해 강력한 시너지를 낼 수 있도록 이끄는 하나의 플랫폼platform 역할을 한다. 따라서 교사가 모든 것을 잘할 필요는 없다. 교육뮤지컬 수업을 진행하다 보면 교사에게 부족한 부분을 채워줄 수 있는 학생이 분명히 나타난다. 또한 학생들이 좀 부족하더라도 교사가 도움을 줄 수 있는 부분도 있다. 사전에 수업 참여자(교사와 학생) 분석을 세밀하게 진행하지 않고 시작했더라도 뮤지컬 자체가 플랫폼 역할을 하기에 우리가 누릴 수 있는 선물이다.

만약 위 질문을 바탕으로 교사와 학생들의 흥미와 적성을 고려해 교육뮤지컬 수업을 기획할 수 있다면 뮤지컬이라는 플랫폼은 좀 더 안정적인 상태에서 서로의 역량을 연결하며 확장될 수 있을 것이다. 그리고 구성원의 흥미와 적성을 반영하여 수업에 활용할 뮤지컬 구성요소를 선정하고 비율도 조절할 수 있다. 이야기 창작을 강화하거나, 음악을 좀 더 깊이 다루거나, 몸으로 하는 표현을 풍부하게 하거나, 미술 분야에 좀 더 신경을 쓸 수도 있다.

당신은 어떤 것을 잘하는가? 다 잘하지 않아도 괜찮다. 무엇을 좋아하는가? 그리고 학생들은 무엇을 좋아하거나 잘하는가? 아주 작은 특기라 할지라도 뮤지컬 수업에 도움이 될 수 있다. 그리고 관찰하고 발견한 구성원의 흥미와 특기를 살릴 수 있는 뮤지컬의 구성 요소가 무엇인지 고민해 본다. 다양한 요소가 고루 들어갈 수 있도록 하고, 구성원의 특성을 분석한 결과 어떤 요소를 좀 더 강화하여 수업을 진행하면 좋을지 전체를 100%로 두고 수업을 구성하는 비율을 대략적으로 계산해 본다.

그럼 하나의 예시를 통해서 교사와 학생들의 특성을 살린 '뮤지컬 구성 요소 선정하기'의 흐름을 살펴보자.

1단계 나는 무엇을 잘하고 좋아하는가?
- 인물 분석하기
- 음악 속의 이야기 상상하기

2단계 학생들은 무엇을 잘하고 좋아하는가?
- 미술에 흥미를 갖고 틈틈이 그림을 그림.
- 이야기 상상하기 활동을 좋아함.

3단계 뮤지컬 구성 요소와 연결하기
- 인물 분석하기 : 이야기 창작
- 음악 속의 이야기 상상하기 : 음악(곡 선정)
- 미술에 흥미를 갖고 틈틈이 그림을 그림. : 미술(무대 디자인, 홍보 포스터, 의상 디자인 등)

- 이야기 상상하기 활동을 좋아함. : 이야기 창작

4단계 **뮤지컬 구성 요소의 비율 배정하기**

- 이야기(40%), 음악(20%), 미술(30%), 안무(10%)
- 배정 의도 : 이야기 창작에서는 인물 창조 부분을 자세히 다루고, 이 과정에서 학생들이 자유롭게 상상해 보는 활동을 넣어 흥미를 유발하도록 한다.

교육과정
분석과 연계

　교육뮤지컬 수업을 디자인할 때 가장 먼저 교육과정 분석부터 해야 할 것 같은데 자유로운 상상에서 시작하라니 불안함을 느낄지도 모르겠다. '과연 수업이 될 수 있을까? 그냥 뮤지컬만 하게 되는 것 아닌가?' 하고 말이다.

　교육과정이 중요한 것은 분명하다. 그리고 수업 디자인 결과를 보면 분명히 교육과정과 연계된 뮤지컬 수업이 되어 있을 것이다. 이번 단계에서 자연스럽게 느끼게 되겠지만, 뮤지컬 속에는 수많은 교육과정이 숨어 있고, 많은 교사가 이미 자신도 모르는 사이에 뮤지컬 수업을 해 왔다. 이제는 그것을 '뮤지컬'이라는 이름으로 연결하고 정리하는 방법을 익히면 된다.

교육뮤지컬 수업도 다른 수업과 마찬가지로 교육과정의 '성취기준'을 기반으로 디자인한다. 여기에 더해서 2015 개정 교육과정에 도입된 '핵심 개념'을 활용하면 더욱 짜임새 있는 교육뮤지컬 수업을 디자인할 수 있다. 핵심 개념을 활용했을 때 학년 간 연계성과 지속성을 확보할 수 있다. 핵심 개념은 교과의 근본 아이디어를 의미하며, 수준의 차이가 있을 뿐 여러 학교급에 걸쳐 관통하기 때문이다. 실제로 교육과정 문서에도 초등 3-4학년군, 5-6학년군, 중학교까지 하나의 핵심 개념으로 연계되어 제시되어 있다. 따라서 핵심 개념을 중심으로 교육뮤지컬 수업을 탄탄하게 디자인해 놓는다면 나중에 담당 학년이 바뀌었을 때도 그 학년에 적합한 뮤지컬 수업으로 변경하는 것이 쉽다.

무엇보다도 다양한 학교급의 교사와 교육뮤지컬 수업 아이디어를 나누고 공유할 수 있다는 점이 큰 장점이다. 유치원, 초등학교, 중·고등학교 교사의 교육과정은 모두 다르다. 그렇지만 핵심 개념은 교육과정을 관통하기에 함께 고민할 수 있다. 생태·환경, 인권, 인간의 감정과 표현 등 다양한 소재의 교육뮤지컬 수업 아이디어를 공유하고, 보다 확장된 교육뮤지컬 수업을 만들어 갈 수 있다.

교육뮤지컬 수업을 디자인하기 위한 교육과정 분석과 연계 과정은 크게 4단계로 구성된다.

첫째, 나만의 뮤지컬 수업을 위해 자유롭게 상상했던 내용과 관련된 교과별 핵심 개념을 찾는다.

둘째, 핵심 개념을 바탕으로 교과별 성취기준을 탐색하고, 뮤지컬 수업의 관점에서 분석한다.

셋째, 탐색하고 분석한 성취기준을 유목화하여 정리한다.

넷째, 정리한 내용을 바탕으로 수업의 방향을 적어 본다.

초등 5-6학년군의 교육과정을 통해서 핵심 개념, 성취기준을 기반으로 뮤지컬이 교육과정 연계 수업으로 디자인되는 과정을 살펴보자. 핵심 개념과 성취기준에 차이가 있겠지만 모든 학교급에서 적용이 가능한 방법이다.

사전 작업 : 자유로운 상상

학생들과 '기후 위기와 지속가능한 지구'에 대해 탐구해 보고, 뮤지컬을 활용한 다양한 콘텐츠로 제작해 보고 싶다.

1단계 교과별 핵심 개념 찾기

[도덕] 책임

[사회] 기후 환경/자연-인간 상호작용/지속가능한 환경

[과학] 환경과 생태계

[실과] 관리/지속가능

[국어] 듣기·말하기와 매체/문학의 수용과 생산

[음악] 음악의 표현 방법/음악의 활용

[미술] 소통/연결

[체육] 표현 창작

성취기준 탐색 및 분석하기

도덕

[6도03-04] 세계화 시대에 인류가 겪고 있는 문제와 원인을 토론을 통해 알아보고, 이를 해결하고자 하는 의지를 가지고 실천한다.

→ 인류의 문제에 대한 책임의식

사회

[6사08-05] 지구촌의 주요 환경문제를 조사하여 해결 방안을 탐색하고, 환경문제 해결에 협력하는 세계시민의 자세를 기른다.

→ 환경문제의 탐색과 해결

[6사08-06] 지속가능한 미래를 건설하기 위한 과제(친환경적 생산과 소비방식 확산, 빈곤과 기아 퇴치, 문화적 편견과 차별 해소 등)를 조사하고, 세계시민으로서 이에 적극 참여하는 방안을 모색한다.

→ 지속가능한 미래에 대한 실천적 고민

과학

[6과05-01] 생태계가 생물 요소와 비생물 요소로 이루어져 있음을 알고, 생태계 구성 요소들이 서로 영향을 주고받음을 설명할 수 있다.

→ 생태계 구성 요소 이해

[6과05-03] 생태계 보전의 필요성을 인식하고, 생태계 보전을 위해 우리가 할 수 있는 일에 대해 토의할 수 있다.

→ 생태계 보전의 필요성

실과

[6실03-01] 옷의 종류와 용도에 맞게 정리·보관하는 방법을 알고, 환경과 관련지어 옷 관리의 중요성을 이해한다.

→ 옷과 환경

[6실03-04] 쾌적한 생활공간 관리의 필요성을 환경과 관련지어 이해하고, 올바른 관리 방법을 계획하여 실천한다.

→ 생활환경 관리 및 실천

국어

[6국01-02] 의견을 제시하고 함께 조정하며 토의한다.
[6국01-04] 자료를 정리하여 말할 내용을 체계적으로 구성한다.

[6국01-05] 매체 자료를 활용하여 내용을 효과적으로 발표한다.

→ 주제 토의와 매체를 활용한 발표

[6국05-04] 일상생활의 경험을 이야기나 극의 형식으로 표현한다.

→ 극의 창작

음악

[6음01-05] 이야기의 장면이나 상황을 음악으로 표현한다.

→ 이야기와 음악

[6음03-01] 음악을 활용하여 가정, 학교, 사회 등의 행사에 참여하고 느낌을 발표한다.

→ 뮤지컬 작품 발표

미술

[6미01-03] 이미지가 나타내는 의미를 찾을 수 있다.

→ 이미지의 이해

[6미01-04] 이미지를 활용하여 자신의 느낌과 생각을 전달할 수 있다.

→ 이미지와 소통

[6미01-05] 미술 활동에 타 교과의 내용, 방법 등을 활용할 수 있다.

→ 융합 예술 활동

체육

[6체04-07] 주제 표현 활동을 하는 데 필요한 다양한 표현 방법을 바탕으로 개인 또는 모둠별로 작품을 창의적으로 구성하여 발표하고 이를 감상한다.

[6체04-08] 주제와 관련된 다양한 표현 방식을 이해하고 자신의 느낌과 생각에 따라 창의적인 방법으로 표현한다.

→ 창의적 안무 표현

3단계 성취기준 연결하기

이해	• 인류의 문제에 대한 책임의식(도덕) • 환경문제의 탐색과 해결(사회) • 생태계 구성 요소의 이해(과학) • 생태계 보전의 필요성(과학)

실천	• 주제 토의와 매체를 활용한 발표(국어) • 지속가능한 미래에 대한 실천적 고민(사회) • 옷과 환경(실과) • 생활환경 관리 및 실천(실과)
예술적 표현	• 극의 창작(국어) • 융합 예술 활동(미술) • 이야기와 음악(음악) • 이미지의 이해(미술) • 이미지와 소통(미술) • 창의적 안무 표현(체육) • 뮤지컬 작품 발표(음악)

4단계 수업의 방향 정리하기

1. 인류의 문제에 대한 책임의식을 바탕으로 생태계의 구성 요소와 관계를 알아보고, 현 시대의 환경문제를 탐색하며 해결 방안을 제시한다.

2. 지속가능한 미래에 대한 토의·토론 활동을 통해 우리가 실천 가능한 방안을 찾아 실천하고 알리는 경험을 한다.

3. 지속가능한 미래를 주제로 뮤지컬 작품을 그림책과 웹뮤지컬의 형태로 제작해 문화예술 캠페인을 실천한다.

이제는 당신 차례이다. 현재 담당하고 있는 학교급의 최신 교육과정을 준비하면 된다. 교육과정을 들여다보기 전에 '자유로운 상상'이 꼭 필요함을 유념하자. 물론 상상이 어려운 경우에는 교육과정에서부터 상상을 시작하는 것도 하나의 방법이다. 핵심 개념을 훑어보다 보면 문득 내가 해 보고 싶은 교육뮤지컬 수업 아이디어가 떠오르는 경우가 있다. 흐름에 따라 교육뮤지컬 수업을 위한 교육과정 분석과 연계 활동에 도전해 보자.

교육뮤지컬 수업의 흐름과
차시별 활동 구성

　교육뮤지컬 수업 디자인 과정은 유기적으로 연결된다. 자유롭게 상상하고, 어울리는 수업 모델을 선정하고, 뮤지컬 구성 요소를 선정하고, 교육과정을 분석하고 연계하는 과정이 하나의 흐름 속에 존재한다. Step 5부터 남은 과정 또한 이 흐름 속에서 진행되는데, Step 4 교육과정 분석과 연계까지 고민한 결과를 실질적인 수업 활동으로 다듬어 가는 과정이다. 따라서 Step 1~4까지 어느 정도 완성되었다면, 이제부터는 좀 더 매끄럽게 진행될 것이다.

　교육뮤지컬 수업의 흐름을 구성할 때 가장 먼저 살펴야 할 것은 뮤지컬 수업 모델이다. 감상 중심인지, 창작 중심인지, 공연 중심인지에 따라서 수업의 흐름이 다르다.

감상 중심 수업의 경우 선정한 작품을 사전에 어떻게 분석했느냐에 따라 다양한 수업 흐름이 생긴다. 이는 곧 어떤 소재로, 어떤 주제를 다룰 것인가에 대한 고민과 연결되기도 한다. 프로젝트 수업의 방향과도 같다. 그리고 작품을 관람하는 환경에 따라 흐름이 달라지기도 한다. 직접 공연장에 가거나, 공연 팀이 학교에 찾아와서 학생들이 직접 공연을 관람할 수 있는 상황인지, 공연 영상을 통해 작품을 관람해야 하는 상황인지, 만약 영상으로 작품을 관람한다면 한 번에 풀영상을 보도록 할 것인지, 장면별로 잘라서 보여 줄 것인지 환경을 살펴 수업의 흐름에 반영한다.

처음 교육뮤지컬 수업에 도전하는 상황에 이렇게 고려할 것이 많다는 것 자체가 큰 벽으로 다가올지도 모르겠다. 작품 분석의 방향, 공연 관람 환경과 크게 상관없이 감상 중심 수업의 흐름을 구성할 수 있는 한 가지 팁이 있다. 바로 '뮤지컬 넘버'를 중심으로 수업 흐름을 구성하는 것이다. 뮤지컬에서 음악이 등장하는 장면은 이유가 있다. 그 이유가 시시콜콜한 것이라 하더라도 극의 흐름에서 음악이 필요하기에 등장한 것이다. 따라서 주요 뮤지컬 넘버를 중심으로 교육뮤지컬 수업을 디자인한다면 작품의 핵심 포인트를 짚으며 배움 활동을 이끌어 갈 수 있다는 안정성을 확보할 수 있다. 뮤지컬을 현장에서 관람해도, 영상으로 관람해도, 한 번에 전체를 관람해도, 장면별로 나누어서 관람해도 넘버는 뮤지컬 작품에서 빠지지 않는다.

창작 중심 수업과 공연 중심 수업의 큰 흐름은 유사하다. 창작과 공연 자체가 하나의 흐름 속에 있기 때문이다. 두 수업 모델의 큰 차이는 작품의 완성도라고 표현할 수도 있고, 외부 관객에 대한 의식 유무라고 할 수도 있다. 창작 중심 수업은 말 그대로 학생들이 탐색한 소재를 뮤지컬 요소로 표현하는 활동 자체에 좀 더 집중하기 때문에 수업의 흐름에서도 공연 준비와 공연 자체의 활동에 대한 부분은 적게 편성을 하거나 아예 빠지기도 한다. 공연 중심 수업은 학생들이 작품을 어떠한 형태로든 발표하는 것을 목표로 하기에 연습, 동선 다듬기, 홍보, 리허설, 공연 등 좀 더 부가적인 활동을 포함한다.

교육뮤지컬 수업의 일반적인 과정

교육뮤지컬 수업의 흐름은 활동 유형과 기획 방향에 따라 달라질 수 있지만, 다음과 같은 흐름으로 구성한다면 안정적으로 활동을 진행할 수 있다. 크게 '준비하기 – 떠올리기 – 표현하기 – 나누기'의 4단계로 구성하며, 각 단계는 총 10개의 과정으로 나뉜다.

1단계 준비하기
교육뮤지컬 수업에서 다루는 주제나 소재와 관련한 놀이 활동, 브레인스토밍 등을 통해 수업에 대해 마음을 열고, 이야기와 음악의 연결을 맛보며 뮤지컬과 친해지는 단계

2단계 떠올리기

교육뮤지컬로 다룰 주제나 소재와 관련된 자료를 탐색하고 정리하며 토의·토론의 과정을 통해 생각을 나누고 아이디어를 구체화해 가는 단계

3단계 표현하기

이야기 창작, 음악 연결, 안무 창작, 소품·의상 준비 등 작품 창작을 위한 활동을 통해 생각과 느낌을 다양한 방법으로 표현하는 단계

4단계 나누기

창작한 작품을 공유할 수 있는 방법을 고민하고 연습하며, 공연을 펼치고 정리하는 과정 속에서 발생하는 다양한 대상과의 소통을 경험하는 단계

단계	세부 과정
준비하기	1. 마음 열기
떠올리기	2. 주제 및 소재 탐색
표현하기	3. 이야기 만들기
	4. 대본 만들기
	5. 음악 연결하기
	6. 안무와 동선 만들기
	7. 소품, 의상 준비하기
나누기	8. 홍보하기
	9. 공연 준비하기
	10. 공연 및 소감 나누기

차시별 활동 구성

교육뮤지컬 수업의 전체적인 흐름까지 완성했다면 이제는 차시별로 어떤 활동을 하면 좋을지 구체적으로 계획한다. 사실 수업 디자인 과정에서 차시에 얽매일 필요도 없다. 꼭 '활동 1, 2, 3'의 형태로 차시별 활동을 구성하지 않아도 괜찮다. 그럼에도 차시별로 활동을 구성해 보는 이유는, 차시에 따라 수업을 구성했을 때 교육뮤지컬 수업의 흐름을 한눈에 파악할 수 있고, 뮤지컬 구성 요소별로 활동 시간을 분배하는 데 유용하기 때문이다. 수업 디자인 과정에서 어느 정도의 차시를 구분하여 정리해 놓되 추후 수업을 진행할 때 시간 운영에서 융통성을 발휘하면 된다.

이번 과정에서는 앞서 제시한 '교육뮤지컬 수업의 일반적인 과정'을 기반으로 어떻게 차시를 배분하며, 차시별로 어떤 활동을 할 것인지 정리해 가는 과정을 구체적으로 살펴보고자 한다.

전체 시수 편성하기

교육뮤지컬 수업의 유형이 다양하듯 시수 또한 천차만별이다. 차시별 활동 구성의 가장 첫 단계는 어느 정도의 규모로 수업을 진행할 것인지 시수를 편성하는 것이다. 짧게는 1차시 수업일 수도 있고, 길게는 한 학기 혹은 1년을 끌고 가는 100차시 이상의 긴 호흡을 가진 수업일 수도 있다. 그런데 시수가 너무 많이 편성되면 학생들의 집중도와 흥미가 떨어질 수 있기에 하나의 교육뮤지컬 수업 또한 한 학기를 넘어서지 않도록 구성하는 것이 좋다. 공연까지 이어 가는 완전한 뮤지컬 수업을 진행하고자 할 때는 최소 20차시에서 넉넉히 80차시 정도로 편성하는 것이 적당하다.

과정별 시수 편성하기

교육뮤지컬 수업의 전체적인 시수 편성을 통해 규모를 설정했다면, 이제 각 과정별로 어느 정도의 시수를 편성할 것인지 고민해 본다. 세부적인 수업 과정은 주제 및 소재를 탐색하는 것부터 소감을 나누는 것까지 10개의 예시 과정을 제시하였다.

1. 마음 열기
2. 주제 및 소재 탐색
3. 이야기 만들기
4. 대본 만들기
5. 음악 연결하기
6. 안무와 동선 만들기
7. 소품, 의상 준비하기
8. 홍보하기
9. 공연 준비하기
10. 공연 및 소감 나누기

교사와 학생의 특성, 수업 환경, 교육뮤지컬 수업의 목적과 방향 등을 고려하여 과정별 시수를 편성한다. 20차시, 40차시, 80차시의 시수 편성 예시를 살펴보겠다.

과정	20차시	40차시	80차시
1. 마음 열기	2	4	6
2. 주제 및 소재 탐색	4	8	16
3. 이야기 만들기	2	4	8
4. 대본 만들기	2	4	6
5. 음악 연결하기	2	4	8
6. 안무와 동선 만들기	2	4	8
7. 소품, 의상 준비하기	1	2	6
8. 홍보하기	1	2	6
9. 공연 준비하기	2	4	10
10. 공연 및 소감 나누기	2	4	6
계	20	40	80

20차시에서 80차시로 수업이 확장되면 이론적으로 각 과정의 4배를 편성하는 것이 맞지만, 실제로 그렇게 구성하지는 않는다. 시간을 더 편성했을 때 효과가 좋은 과정이 있고, 길어질수록 효과가 떨어지는 과정도 있다. 이는 교사와 학생들의 특성을 살펴 판단한다.

예를 들어, 시작 과정인 '마음 열기'와 닫는 과정인 '공연 및 소감 나누기'는 길어질수록 전체적인 수업이 늘어질 가능성이 높다. '대본 만들기'도 마찬가지다. 반면에 뮤지컬 창작에 해당하는 2~6의 과정은 시수를 넉넉히 편성하여 디테일을 잡아 가는 것이 좋다. 특히 '소품,

의상 준비하기'와 '홍보하기'는 20차시 수업에 비해 80차시 수업에서 훨씬 많이 편성했는데, 이는 미술·실과 교과와 연계하여 재미있는 활동을 이어 갈 수 있는 경우가 많기 때문이다.

과정별 주요 활동 적용하기

각 과정을 진행하게 될 시수를 편성하였다면, 다음으로는 과정 안에서 어떤 활동을 진행할 것인지 고민하는 단계로 넘어간다. 과정별로 진행하게 되는 주요 활동이 있는데, 모든 활동을 넣을 필요는 없으므로 선택이 필요하다. 활동 선택에 앞서 각 과정에서 이루어지는 주요 활동으로 무엇이 있는지 살펴보자.

주요 활동은 말 그대로 각 단계에서 주로 행해지는 활동을 의미한다. 필수적으로 들어가야 하는 활동도 있지만, 그렇지 않은 것도 있다. 수업은 디자인하기 나름이다. 주요 활동을 들여다보면 각 활동 또한 세부적인 단계로 구성되어 있다.

예를 들어, '이야기 만들기'에 포함되어 있는 '인물 창조'는 극에 등장하는 인물을 설정하고, 인물의 내·외형적 특성을 상상하고, 특정 상황에서 어떻게 말하고 행동할 것인지 시뮬레이션하는 등 다양한 세부 활동으로 이루어져 있다. 각 세부 활동의 자세한 내용은 「4장 교육뮤지컬 수업 사례」에서 살펴볼 것이다.

각 과정에서 실시할 주요 활동을 선정하고, 활동마다 어느 정도의

과정	주요 활동
1. 마음 열기	• 연극놀이와 그림놀이 • 그림책 읽기 • 이야기와 음악, 몸짓의 연결
2. 주제 및 소재 탐색	• 개념과 현상의 이해 • 자료 탐색 및 주제 발표 • 토의와 토론
3. 이야기 만들기	• 소재 설정 • 배경, 인물, 사건 설정 • 줄거리 정리 • 인물 창조
4. 대본 만들기	• 역할을 맡아 가상의 대화 장면 표현 • 대사 정리 • 대본 형식으로 정리
5. 음악 연결하기	• 음악이 필요한 장면 선정 • 장면에 어울리는 음악 탐색(만들기) • 음악 속의 인물 상상 • 가사 창작
6. 안무와 동선 만들기	• 움직이며 대사 표현 • 안무와 동선 창작 • 그림으로 동선 표현
7. 소품, 의상 준비하기	• 소품이 필요한 장면 탐색 • 소품과 의상 디자인 • 소품과 의상 제작
8. 홍보하기	• 홍보 방법 토의 • 홍보 자료 제작 및 실행
9. 공연 준비하기	• 블로킹 연습 • 테크니컬 리허설 • 최종 점검
10. 공연 및 소감 나누기	• 관객 맞이 • 공연과 정리 • 소감 나누기

시간을 투자하여 진행할 것인지 결정한다. 여기까지 진행하면 뮤지컬 수업이 어느 정도 완성된 모습을 보인다. 20차시, 40차시, 80차시로 수업을 구성할 때 주요 활동을 배치한 사례는 103쪽 표와 같다.

주요 활동을 단계별로 정리하기

10~20차시의 길지 않은 교육뮤지컬 수업인 경우에는 주요 활동 자체가 한 차시 정도로 끝나므로 세부적으로 정리하지 않아도 괜찮다. 하지만 20차시 이상의 장기적인 수업으로 디자인하는 경우에는 주요 활동이 2차시에서 길게는 6차시까지도 진행될 수 있기에 좀 더 상세히 계획을 세우는 것이 좋다. 수업 상황에 따라 융통성 있게 시간 운영이 필요할 수도 있지만, 구체적으로 활동을 디자인해 두면 놓치고 지나갈 수 있는 요소를 꼼꼼히 챙기며 수업을 진행할 수 있다. 다양한 세부 활동으로 단계를 나누어 진행하면 효과적인 주요 활동의 몇 가지 사례를 살펴보자.

인물 창조

인물을 상상하고 성격과 특성을 부여하며 구체적으로 만들어 가는 인물 창조 과정은 학생들이 흥미롭게 참여하면서도 극을 생생하게 만드는 데 큰 도움을 주는 의미 있는 시간이다.

과정	주요 활동	20차시	40차시	80차시
1. 마음 열기	연극놀이와 그림놀이	1	1	2
	그림책 읽기	·	2	2
	이야기와 음악, 몸짓의 연결	1	1	2
2. 주제 및 소재 탐색	개념과 현상의 이해	1	2	4
	자료 탐색 및 주제 발표	2	3	6
	토의와 토론	1	3	6
3. 이야기 만들기	소재 설정	·	1	2
	배경, 인물, 사건 설정	1	1	2
	줄거리 정리	1	1	2
	인물 창조	·	1	2
4. 대본 만들기	역할을 맡아 가상의 대화 장면 표현	·	1	2
	대사 정리	1	2	2
	대본 형식으로 정리	1	1	2
5. 음악 연결하기	음악이 필요한 장면 선정	1	1	1
	장면에 어울리는 음악 탐색(만들기)	1	1	4
	음악 속의 인물 상상	·	1	1
	가사 창작	1	1	2
6. 안무와 동선 만들기	움직이며 대사 표현	·	1	2
	안무와 동선 창작	2	2	5
	그림으로 동선 표현	·	1	1
7. 소품, 의상 준비하기	소품이 필요한 장면 탐색	·	·	1
	소품과 의상 디자인	1	1	2
	소품과 의상 제작	·	1	3
8. 홍보하기	홍보 방법 토의	·	1	2
	홍보 자료 제작 및 실행	1	1	4
9. 공연 준비하기	블로킹 연습	1	2	4
	테크니컬 리허설	1	2	4
	최종 점검	·	·	2
10. 공연 및 소감 나누기	관객 맞이	·	1	2
	공연과 정리	1	2	2
	소감 나누기	1	1	2
계		20	40	80

한 번도 만나 보지 않은 가상의 인물과 한순간에 친해지고, 그 인물이 어떻게 말하고 행동할지 상상하는 것은 쉽지 않다. 상상력이 풍부한 몇몇 학생들은 마치 그 인물을 만나 본 것처럼 생생하게 표현해 내기도 하지만, 많은 학생들이 평면적인 인물을 표현하는 것에서 그치는 경우가 많다. 따라서 인물과 조금씩 가까워지는 과정을 통해서 인물의 자취를 하나씩 발견해 가고, 점차 구체적으로 형상화하여 최종적으로는 인물이 어떻게 생각하고, 말하며, 행동할지 상상하여 표현하는 것을 목표로 한다. 인물 창조 활동은 3단계로 진행 가능하다.

1단계 멀리서 바라보며 상상하기

멀리서 바라보며 상상하는 활동은 이야기의 배경과 사건, 줄거리 등 주어진 단서를 통해 인물의 다양한 특성을 추리하는 과정이다. 이때 단순히 "인물을 상상해 봐."라고 이야기하는 것보다는 몇 가지 기준점을 제시하여 디딤돌을 놓아 주는 것이 좋다. 성별, 나이, 외모, 성격, 좋아하는 것, 싫어하는 것, 강점과 약점, 색깔로 표현하기, 자주하는 말 등을 상상하여 정리하면 학생들이 인물을 상상하는 데 도움이 된다.

2단계 가까이에서 바라보며 상상하기

1단계에서 창조한 인물을 구체적인 상황에 두고 어떻게 말하고 행동할 것 같은지 상상하면서 토의하는 활동이다. 이 과정에서는 내·외적인 갈등이 일어날 만한 극적인 사건을 제시하거나 반대로 아주 일상적인 상황을 제시할 수도 있다.

- 극적인 상황
- 인물이 소중히 간직하던 물건이 사라졌다. 그는 어떻게 행동할까?
- 친구들과 점심 식사 메뉴를 고르는데 의견이 충돌했다. 그는 뭐라고 말할까?

- 일상적인 상황
- 아침에 일어나서 가장 먼저 무슨 일을 했을까?
- 모든 일정을 마치고 집에 들어간 그는 어떻게 행동할까?

이 단계에서는 학생들이 어떻게 말하고, 표현하는가에 집중하는 활동이라기보다는, 과연 등장인물이 어떻게 말하고, 행동할 것 같은지 자신의 생각을 친구들과 주고받으며 인물의 특성을 구체화해 가는 것에 집중하는 활동이라고 볼 수 있다.

3단계 인물이 되어 상상하기

두 단계를 거치며 어느 정도 구체화된 인물이 되어 우리가 만든 이야기 속의 상황으로 들어가 표현해 보는 활동이다. 이때 한 인물만 두고 활동을 진행하는 것보다는 극에 등장하는 다양한 인물들을 나누어 맡아 대화를 나누는 기회를 제공하면 극을 만드는 데 도움이 된다. 이 과정에서 나누는 대화를 잘 정리하면 대본이 금세 만들어지기도 한다.

가사 만들기

노래 가사를 바꾸거나 만드는 활동은 학생들이 어린 시절부터 수없이 경험해 온 교육활동이다. 그런데 뮤지컬에서의 음악은 보통의 음악과는 차이가 있다. 바로 노래 가사가 '대화'라는 점이다. 보통 음악의 가사는 혼잣말인 경우가 많다. 누군가에게 이야기하는 것이 아니라 마치 아무도 읽지 못하는 일기를 쓰듯 읊조린다.

그런데 뮤지컬 음악은 대부분 청자가 확실하고, 심지어 눈앞에 청자가 존재하기도 한다. 대화를 나누는 중간에 음악이 들어와서 갑자기 대사가 노래 가사가 되기도 하고, 애초부터 옆의 인물에게 노래로 말하기도 한다. 물론 뮤지컬 넘버에서도 독백은 존재한다. 그래도 그 인물의 노래 가사는 우리가 극의 흐름을 이해하고, 인물을 알아가는 데 도움을 주는 역할을 한다.

뮤지컬 넘버가 일반 음악과 가장 크게 다른 점은 음악이 끝나고 이야기가 계속된다는 것이다. 보통의 음악은 끝나면 다음 음악으로 넘어간다. 다음 장면으로 이어지지 않는다. 뮤지컬 넘버는 끝나면 다음 대사로 넘어간다. 그리고 그 대사는 앞서 나온 음악을 이어 가는 하나의 흐름 속에서 나온 것이다. 교육뮤지컬 수업에서 가사를 만드는 활동은 이러한 뮤지컬 넘버의 특성을 이해한 다음 시작되어야 한다.

뮤지컬 넘버의 가사를 만드는 활동은 노랫말이기 이전에 대화라는 것을 받아들이며 시작하면 편하다. 학생의 이해를 돕기 위해 말이 음악과 어우러지고, 멜로디와 만나 가사로 발전하는 과정을 체험해 보는 시간을 갖는 것도 좋은 방법이다. 예를 들어, 뮤지컬 넘버 하나를 골라 가사를 자신의 말투로 바꾸어 읽는다. 여기서 중요한 점은 평소 말하듯이 하는 것이다. 혼잣말도 좋고, 친구와의 대화도 좋으니 자연스러운 말투로 읽는 것이 효과적이다. 그런 다음, MR 반주를 틀고 아까 읽었던 방법 그대로 다시 한 번 읽는다. 무반주에 비해 조금 더 그럴듯한 분위기가 조성되는 것을 느낄 수 있다. 마지막으로 원래의 가사대로 MR 반주에 맞추어 노래를 불러 본다. 3가지 활동을 통해서 뮤지컬에서 음악이 어떤 역할을 하는지, 평소 우리가 듣던 음악과는 어떤 차이가 있는지 자연스럽게 익힐 수 있다.

이제 가사를 만들기 위한 활동으로 발전시켜 진행한다. 아마도 뮤지컬 넘버의 가사를 쓰기 전에 학생들이 만들어 놓은 이야기가 있을 것이다. 뮤지컬 넘버로 표현하고 싶은 장면에 어울리는 음악을 찾아서 배경음악으로 깔고 즉흥극 형식으로 진행한다. 역할을 나누어 맡고, 각자 맡은 인물이 어떤 말을 할 것 같은지 상상하며 편히 대화를 주고받는다. 대화를 마친 후 좀 전에 나누었던 내용을 떠올리며 시의 형태로 정리해 본다. 마지막으로 정리한 글을 멜로디에 맞춰 다듬는 작업을 통해 가사로 완성한다.

가사 만들기 활동은 3단계로 나누어 진행할 수 있다. 학생들과 만들었던 한 뮤지컬 넘버를 통해서 대화가 가사로 변해 가는 과정을 살펴보자.

- 등장인물 : 이야기, 음악, 춤 등
- 상황 : 이야기의 권유로 음악, 춤 등 다양한 예술 친구들이 모여 하나의 작품을 만들어 보자는 기분 좋은 상상을 하고 있다.

1단계 반주 위에서 대화하기

이야기 : 우리 진짜 같이 작품 하나 만들어 보는 거야?

음악 : 우아! 난 상상만 해도 너무 설레. 얼른 시작하고 싶다.

춤 : 아마 관객들이 우리를 보고 울고, 웃고, 힘을 내고 그럴 거야.

이야기 : 우리 무대에서 꿈을 이뤄 보자.

음악 : 좋아! 함께하면 다 잘되겠지?

2단계 대화한 내용을 시로 다듬기

예술들의 상상

이야기, 음악, 춤

우리는 이제 함께한다.
상상만 해도 행복하다.

관객들이 우릴 보고
울고, 웃고, 힘을 낸다.

우리 함께 무대 위에

꿈을 그리자.

함께라면 해낼 수 있다.

3단계 시를 가사로 다듬기

예술들의 행복한 상상

원곡 : 골목(배영초X김아영 작곡가 콜라보 프로젝트 결과물)
작곡 : 김아영

안무와 동선 창작

뮤지컬에서의 안무와 동선도 넘버와 마찬가지로 이야기를 관객에게 전하는 하나의 소통 방식이다. 넘버가 목소리를 통해 이야기를 전달한다면, 안무는 몸짓을 통해 전달한다. 노래를 못해 고민하는 학생도 있지만, 춤을 못 춰서 고민하는 학생이 더 많다. 노래 가사를 만들고 부르는 활동 경험은 많지만 온몸을 활용해 움직이면서 안무를 해 본 경험이 많지 않기 때문이다.

이러한 상황에 처한 학생들에게 "이 장면에 어울리는 안무와 동선을 만들어 보세요."라고 말한다면 무엇부터 해야 할지 몰라서 서로 눈치만 보고 있을 가능성이 높다.

안무는 몸으로 그리는 그림이라고 생각하면 된다. 표현하고 싶은 소재나 주제, 상황 등을 몸동작을 통해 이미지화하는 것이다. 따라서 안무와 동선을 창작하는 과정을 지도할 때는 '그림'을 활용하여 직관적으로 이해하고 표현할 수 있도록 돕는 것이 좋다. 다른 주요 활동과 마찬가지로 3단계로 나누어 차근차근 안내한다면 학생들이 비교적 수월하게 참여할 수 있을 것이다.

- 몸으로 그림 그리기
- 도형을 활용해 동선 만들기
- 몸 그림과 동선 연결하기

Step 6
자료 탐색 및
수업 브랜딩

Step 5까지 마쳤다면 바로 수업을 시작해도 괜찮다. 지금부터는 좀 더 완성도 있는 뮤지컬 수업을 만들기 위한 보너스 과정이다. 바로 수업에 활용할 자료 탐색과 나만의 수업을 직관적으로 브랜딩하는 것이다.

자료 탐색의 과정

자료는 요리에서 양념과도 같은데, 어떤 양념을 사용하느냐에 따라 음식의 풍미가 달라질 수 있다. 이곳저곳을 탐색하다가 내가 하고 싶은 수업에 딱 맞는 자료를 만난다는 것은 참으로 설레는 일이다. 한 곡의 노래라 할지라도, 단 한 점의 그림이라 할지라도 수업 방향과 조화를 이루는 자료는 학생들의 사고를 확장시키고, 창작 활동의 귀중한 영감이 될 수 있다.

교육뮤지컬 수업에서도 소재 및 주제 탐구를 위해서는 일반적인 수업에서 활용하는 책, 뉴스, 포털사이트, 영상 플랫폼 등에서 찾은 개념, 지식, 사례, 현상 등에 대한 자료가 필요하다. 여기에 더하여 뮤지컬 만들기 활동을 도울 수 있는 여러 예술 자료가 필요하다. 주로 음악, 안무, 무대 구성, 홍보 활동을 위한 자료이다. 유튜브, 포털사이트 검색, 뮤지컬 교육 자료 웹사이트, 공연 예매 사이트, 공연 플랫폼 사이트 등에서 수업에 활용할 만한 유용한 자료를 구할 수 있다.

수업 브랜딩

수업 브랜딩은 내가 디자인한 수업을 직관적으로 이해할 수 있도록 키워드 중심으로 보기 좋게 정리하고, 프로젝트 이름을 붙이는 과정을 의미한다. 텍스트로 적어 보는 것도 좋지만, 나의 수업을 잘 표현할 수 있는 이미지를 찾아 텍스트와 이미지가 조화를 이룰 수 있도록 정리하면 수업이 좀 더 한눈에 들어온다. 수업 브랜딩을 하는 이유는 크게 2가지가 있다.

첫째, 교사와 학생이 수업의 방향성을 놓치지 않고 진행할 수 있다.

수업 기간이 짧은 단기 프로젝트의 경우에는 크게 걱정할 만한 부분이 아니지만, 한 달, 한 학기, 일 년 등 오랜 시간 진행하는 장기 프로젝트의 경우는 중간에 방향성을 잃기 쉽다. 프로젝트에는 목표가 있고, 이 목표를 이루기 위한 다양한 활동을 통해서 학생들과 함께 한 걸음씩 나아가는 것이다. 그런데 간혹 차시별 활동에 집중하다 보면 처음에 생각했던 목표를 이루지 못하고 단편적인 활동에 빠져 프로젝트가 흐지부지 마무리되는 경우가 있다. 수업 브랜딩은 이러한 문제점이 발생하는 것을 예방해 준다.

둘째, 학생들이 수업을 쉽게 이해하는 데 도움이 된다.

학생들과 어떤 프로젝트를 시작하게 되면 1시간 정도는 이 수업을 우리가 왜 하는지, 어떤 활동을 할 것인지, 각자 어떤 마음가짐으로 참여해야 하는지 이야기 나누는 시간을 갖는다. 이 시간에 학생들에게 보여 주는 것이 바로 수업 브랜딩 결과를 한 장으로 정리한 자료이다. 이후 프로젝트가 진행되는 동안 교실 뒤 게시판에 이 자료를 공유해 놓고 함께 만들어 가고 있는 수업에 대해 계속해서 인지할 수 있도록 한다.

수업 브랜딩의 사례 한 가지를 소개한다.

6학년 사회과 교육과정에 '인권'에 대한 내용이 나온다. 이 개념과 사례를 『어린왕자』 한 권 읽기, 뮤지컬과 연계하여 진행하면 좋겠다는 생각을 했다. 만일 수업 브랜딩이 없었다면 그냥 인권, 독서, 뮤지컬 교육으로 그쳤을 것이다. 여기에 '여행'이라는 콘셉트를 추가했다. 어린왕자가 여러 소행성을 여행하면서 다양한 사람들을 만나 하나씩 깨달음을 얻어 가는 과정을 '인권'과 더한 것이다. 소주제는 3개로 구성했다. '어린왕자 깊이 읽기(존재와 관계)', '인권 깊이 생각하기(인권과 고민)', '뮤지컬 인권 여행(협력과 공유)'이다.

우선 『어린왕자』를 읽으며 우리 주변에 존재하는 여러 유형의 사람을 알아보고 이해하는 과정을 통해 다양한 존재와 관계를 맺으며 살아가는 방법에 대해 생각해 본다. 그리고 인권 깊이 생각하기 주제로 넘어가 '인권'에 대한 나름의 개념을 정의하고, 이 개념을 기준으로 하여 인권 침해의 다양한 사례를 찾아 해결 방안에 대하여 토의한다. 마지막으로 뮤지컬 인권 여행으로 넘어가 지금까지 조사했던 사례와 해결 방안을 바탕으로 이야기를 창작하고, 음악과 안무를 연결한 간단한 뮤지컬을 만들어 프로젝트 결과물로 발표하는 과정을 담고 있다.

인권, 어린왕자, 뮤지컬을 아우르는 프로젝트의 이름은 '어린왕자와 함께하는 인권 여행'으로 정했다. 이렇게 나만의 수업을 자유롭게 상상하고, 디자인하고, 브랜딩하는 과정을 통해서 꿈꾸던 교육뮤지컬 수업이 현실이 되어 가는 과정을 경험할 수 있게 될 것이다.

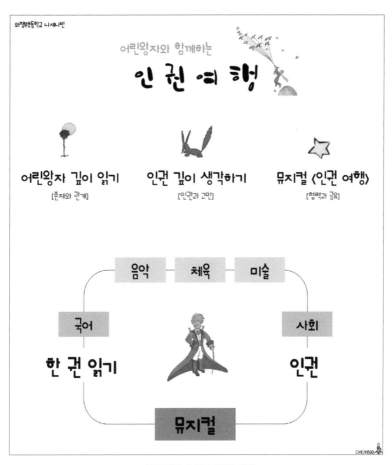

교육뮤지컬 수업 브랜딩 사례
'어린왕자와 함께하는 인권 여행'

4장

교육뮤지컬 수업 사례

뮤지컬,
수업이 되다

 이 장에서는 교육뮤지컬 수업 디자인 과정에 따라 기획하여 진행했던 다양한 유형의 뮤지컬 수업을 통해 뮤지컬 수업을 어떻게 디자인하고 실행하는지 살펴볼 것이다. 역사, 독서, 진로, 인권, 지역 등을 주제로 교육과정과 연계하여 진행한 교육뮤지컬 수업의 생생한 사례를 담았다.

 모든 교육뮤지컬 수업은 학생들과 함께 무엇을 주제로 뮤지컬 수업을 해 보면 좋을까 자유롭게 상상하는 것에서 시작했다. 대부분 방학 시즌에 대략적인 방향을 그려 놓았지만, 때로는 학기 중에 우리 반 학생들의 부족한 부분을 발견하였거나, 반대로 학생들이 관심을 갖고 있는 분야를 보고 영감을 얻어 즉흥적으로 준비하게 된 뮤지컬 수업도 있었다.

"선생님은 모든 것이 뮤지컬로 보이세요?"라는 질문을 받기도 하는데, 그럴 때 이렇게 답한다.

"뮤지컬을 준비하고 나누는 과정 속에서 우리가 알고 있는 수많은 교육활동을 자연스럽게 하게 되더라고요."

교육뮤지컬 수업을 '뮤지컬'이라는 테두리 안에서만 놓고 생각하기보다는, 융합예술수업이자 나아가 융합교육활동이라고 보는 것이 더 적합할 것이다. 여러 주제를 다루는 교육뮤지컬 수업 사례를 통해서 자신만의 뮤지컬 수업을 더 생생하게 꿈꿀 수 있기를 바란다.

교육뮤지컬 수업 디자인 과정의 시작인 '자유로운 상상'은 "왜 이 소재나 주제를 골랐는가?"에 대한 답을 찾아가는 과정이다. 어쩌면 '그냥'이라는 단순한 이유로 시작된 수업도 있겠지만, 파고들어 가 보면 이유 없는 수업은 없다. 학생들과 많은 시간을 함께하게 될 중요한 수업이기에 나 또한 그 이유를 찾고자 치열하게 노력했다.

다음으로 '교육뮤지컬 수업 모델 선정'을 통해 수업의 방향을 잡을 수 있었다. 자유롭게 상상한 내용을 가장 의미 있게 학생들과 나눌 수 있는 방법을 찾기 위한 사전작업이다. 감상 중심, 창작 중심, 공연 중심이라고 구분해 놓기는 했지만, 사실상 수업을 진행하다 보면 여러 모델이 어우러지는 경우가 많다.

모델을 선정한 후에 '뮤지컬 구성 요소 선정'을 했다. 학생들에 대한 이해를 바탕으로 수업 활동에서 만나게 되는 이야기 창작 활동, 음악

활동, 안무 활동, 연기 활동, 미술 활동 등의 강약을 조절하는 단계이다. 정답은 없다. 수업 환경과 방향을 고려하여 가장 최선의 답을 예상해 보는 것이다.

3단계까지 교육뮤지컬 수업의 큰 그림을 그리고 나서 '수업의 흐름 구성', '차시별 활동 구성', '활동 자료 탐색'의 과정을 거쳐 최종 단계인 '교육뮤지컬 수업 브랜딩'으로 수업 디자인을 마무리했다. 교육뮤지컬 수업 디자인 과정을 소개하고, 학생들과 함께했던 수업 활동과 결과를 소개해 보고자 한다.

사례1
역사교육, 뮤지컬로 느끼다
역사 뮤지컬 프로젝트 <역사, 너와 나의 이야기>

수업 디자인하기

1단계 **자유로운 상상**

어떻게 하면 학생들이 역사를 흥미롭게 느끼며 공부할 수 있을까? 시간의 흐름대로 사건을 파악하며 지식을 습득하는 방식의 역사교육이 아니라, 학생들이 간접적으로 역사적 사건을 체험해 볼 수는 없을까? 만일 3.1운동과 유사한 일이 우리 교실에서 벌어진다면 어떤 상황으로 빗대어 표현할 수 있을까? 한국전쟁 같은 일이 친구 사이에서 벌어진다면 어떤 상황 속에서 발생하고 진행되어 갈까?

역사적 사건을 충분히 탐색한 후, 그와 유사한 일이 교실에서, 학교에서 벌어진다면 어떤 상황과 연결 지어 볼 수 있을지 상상하여 이야기를 창작하고, 뮤지컬로 발전시켜 작품을 만들어 보는 경험을 통해서 학생들은 역사적 사건이 먼 옛이야기가 아닌 우리가 살아가는 삶 속에 존재하는 사람의 이야기임을 깨닫고 흥미를 갖게 될 것이다.

　교과서 속 딱딱한 글자가 전하는 이야기가 아니라, 지금 여기 살아 숨쉬는 우리들의 이야기가 되어 만날 수 있기에 생생한 역사교육이 될 수 있을 것이다. 역사적 사건과 학생들의 이야기가 번갈아 등장하는 형식으로 장면을 구성하면, 두 이야기가 보다 효과적으로 연결되어 표현될 수 있겠다.

2단계 교육뮤지컬 수업 모델 선정

① **선정 모델** : 공연 중심 뮤지컬 수업

② **이유** : 동학년의 다른 학급과 교육뮤지컬 수업 내용을 공유하여 각 학급이 서로 다른 역사적 사건을 담당하고 작품을 만들어 공연한다면 학생들이 더 많은 역사 이야기를 살아 있는 뮤지컬 작품으로 만날 수 있을 것이다. 학생들이 '공연'을 목표로 책임감을 갖고 자료를 탐구하여 작품을 창작하고 나누는 과정 속에서 배움이 일어날 수 있도록 공연 중심 뮤지컬 수업으로 선정하였다.

3단계 교육뮤지컬 구성 요소 선정

① **구성 요소** : 이야기, 음악, 안무, 연기, 홍보

② **배정** : 이야기(40), 음악(10), 안무(20), 연기(10), 홍보(20)

③ **이유** : 역사 탐구를 기반으로 자신들의 이야기로 연결하는 과정이 중요한 활동이다. 작품을 창작하고 이를 홍보할 수 있는 다양한 방안을 고민하고 실천하는 과정 속에서, 요즘 학생들의 감성에 맞게 역사를 재미있게 알릴 수 있는 방법을 고민하고 실천할 수 있도록 홍보에도 많은 비중을 두었다.

4단계 교육과정 분석과 연계

① **핵심 개념** : 사회(대한민국의 발전, 역사의 미래)

② **주요 성취기준 탐색 및 분석**

[6사04-06] 한국전쟁의 원인과 과정을 이해하고, 그 피해상과 영향을 탐구한다.

→ 역사 탐구 및 이야기 창작의 소재로 활용한다.

③ **보조 성취기준**

[6국05-05] 작품에 대한 이해와 감상을 바탕으로 하여 다른 사람과 적극적으로 소통한다.

[6음01-02] 악곡에 어울리는 신체 표현을 한다.

[6음01-03] 제재곡의 노랫말을 바꾸거나 노랫말에 맞는 말붙임새로 만든다.

[6음01-05] 이야기의 장면이나 상황을 음악으로 표현한다.

[6미01-04] 이미지를 활용하여 자신의 느낌과 생각을 전달할 수 있다.

[6미01-05] 미술 활동에 타 교과의 내용, 방법 등을 활용할 수 있다.

[6체04-06] 정해진 주제나 소재의 특징적인 면을 살려 신체 활동으로 표현하는 데 적합한 기본 동작을 다양한 상황에 적용한다.

[6실02-06] 간단한 생활 소품을 창의적으로 제작하여 활용한다.

[6수03-08] 원주와 원의 넓이를 구하는 방법을 이해하고, 이를 구할 수 있다.

5단계 수업의 흐름과 차시별 활동 구성

단계	주요 활동	배움 활동
준비하기	몸과 마음 열기	• 다양한 연극놀이를 통한 몸과 마음 열기 • 협력놀이를 통한 협력적 관계 형성하기
	이야기와 몸짓의 만남	• 시 「목련 그늘 아래서는」 몸짓으로 표현하기 • 몸짓을 보고 떠오르는 내용 글로 표현하기
	이야기와 노래의 만남	• 노래에 담긴 이야기 상상하기 • 이야기에 어울리는 노래를 선정하고 가사 바꾸기
떠올리기	역사 이야기 만나기	• 조선 사회의 새로운 움직임 • 근대국가 수립을 위한 노력과 민족운동 • 대한민국의 발전과 오늘의 우리
	뮤지컬 주제 선정 및 탐구	• 뮤지컬 소재 토의 및 모둠별 프레젠테이션 • 도서 및 인터넷으로 역사적 사실 탐구하기
	역사 보드게임 만들기	• 주요 사건 선정 및 평가하기 • '오르락내리락' 보드게임 제작 및 놀이
표현하기	이야기 만들기	• 역사 이야기를 우리의 삶과 연결하여 이야기 만들기
	뮤지컬 대본 작성하기	• 장면을 나누어 팀별 뮤지컬 대본 작성하기
	장면에 어울리는 노래 가사 쓰기	• 장면에 어울리는 음악 선정하고 가사 쓰기
	성부의 어울림을 생각하며 합창하기	• 성부의 어울림을 생각하며 2부 합창 연습하기
	장면에 어울리는 몸짓 만들기	• 노래에 어울리는 몸짓 만들기 • 장면에 어울리는 동선 만들기
	대사, 노래, 몸짓 연결하기	• 대사, 노래, 몸짓을 연결하여 연습하기
	무대의상 디자인 및 제작하기	• 시대에 따른 옷의 변화 살펴보기 • 조형 요소와 원리를 활용한 의상 디자인하기
	소품 디자인 및 제작하기	• 원의 넓이를 구하는 다양한 방법 알아보기 • 원의 넓이를 활용한 태극기 그리기

	포스터 만들기	• 홍보 포스터 만들고 게시하기
나누기	궁궐에 흐르는 우리의 노래	• 뮤지컬 넘버 선정해 창경궁에서 합창하기
	운동장을 도화지 삼아	• 6.25를 주제로 운동장 대지 미술 협동 작품 그리기
	작품 발표회	• 우리가 만든 뮤지컬 나누기
	프로젝트 커튼콜	• 우리의 성장 확인하기 • 소감 나누기

6단계 자료 탐색 및 수업 브랜딩

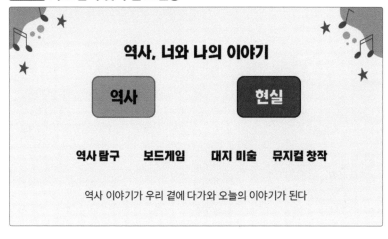

수업 주요 활동 들여다보기

준비하기

이번 프로젝트의 '준비하기' 과정에서는 3가지 활동을 진행하였다. 첫 번째는 몸과 마음 열기로 다양한 연극놀이와 신체 표현 활동을 진행했고, 두 번째는 이야기와 몸짓의 만남으로 시를 몸짓으로 표현해 보는 활동을 했다. 세 번째로 이야기와 노래의 만남을 통해 노래에 담긴 이야기를 상상하고 노래 가사를 이야기로 풀어 가는 활동을 했다.

주어진 상황을 몸으로 표현해 보는 활동이다. '비가 내린다', '하나가 된다'와 같은 상황을 제시하면 학생들은 이 상황을 신체와 도구를 활용하여 즉흥적으로 표현한다.

시를 몸으로 표현하는 활동이다. 「목련 그늘 아래서는」시를 읽고 팀별로 나누어 신체를 활용해 다양하게 표현한다. 이 활동을 통해 학생들은 이야기를 몸으로 표현하고 전달하는 방법을 익힐 수 있다.

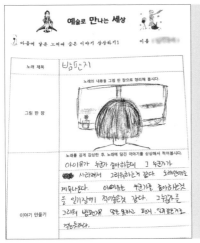

음악을 감상하고 가사와 멜로디에 담긴 이야기를 상상하여 그림과 이야기를 통해 구체적으로 표현해 보는 활동이다. 학생들은 이 활동으로 음악과 이야기를 매끄럽게 연결하여 표현하고 깊이 감상하는 법을 익힐 수 있다.

① 노래 〈Counting stars〉 속에 담긴 이야기 상상하기

젊은 청년이 있다. 현실이 힘이 든다. 아르바이트도 해야 하고, 공부도 해야 하는 가난한 학생이다. 현실은 너무 힘이 들어 가끔은 삶을 포기하고 싶기도 하지만, 어두운 밤하늘에 떠 있는 보석처럼 반짝이는 별들을 보면서 힘든 하루와 지친 삶에 위로를 받는다. 산다는 것은 마라톤이다. 현실의 내가 나중에 무엇이 될지는 아무도 모른다. 그러므로 청년은 그리고 우리는 결코 포기하지 않고 꿈을 향해 하루하루 노력할 것이다.

② 노래 〈밤편지〉 속에 담긴 이야기 상상하기

아이유가 누군가를 좋아하는데, 그 누군가가 사라져서 그리워하는 것

같다. 노래 안에도 그런 내용이 계속 나온다. 아이유는 누군가를 좋아하는 마음을 일기장에 적어 놓았다. 그 누군가가 그리워 말은 못하고 편지나 일기 같은 것으로 적은 듯하다.

뮤지컬 주제 선정과 탐구

'역사, 너와 나의 이야기' 프로젝트는 한국의 근현대사를 학습하고, 학

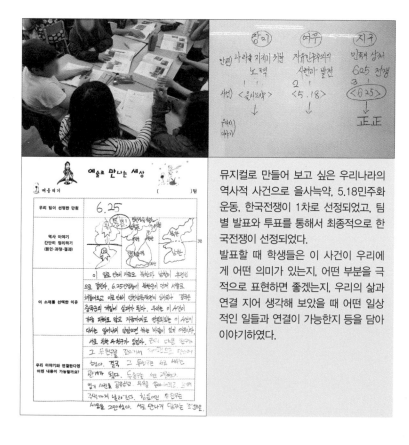

뮤지컬로 만들어 보고 싶은 우리나라의 역사적 사건으로 을사늑약, 5.18민주화운동, 한국전쟁이 1차로 선정되었고, 팀별 발표와 투표를 통해서 최종적으로 한국전쟁이 선정되었다.

발표할 때 학생들은 이 사건이 우리에게 어떤 의미가 있는지, 어떤 부분을 극적으로 표현하면 좋겠는지, 우리의 삶과 연결 지어 생각해 보았을 때 어떤 일상적인 일들과 연결이 가능한지 등을 담아 이야기하였다.

급별로 달리 선정한 역사 이야기를 집중적으로 탐구하여 우리의 삶과 연결 지어 뮤지컬을 만드는 데 목적을 두었다. 세 팀으로 나누어 뮤지컬로 만들어 보고 싶은 역사 이야기를 선정하고, 왜 이 소재를 선택했는지 자료를 준비하여 발표하는 활동을 진행했다. 이후 투표를 통해 최종적으로 우리 반 뮤지컬의 소재가 될 역사 이야기를 선정했다.

역사 보드게임 만들기

학생들이 흥미를 갖고 역사적 사건을 탐색하고, 보다 직관적으로 이야기의 흐름을 정리해 볼 수 있도록 게이미피케이션을 활용한 역사 보드게임 만들기 활동을 진행했다. 여러 보드게임 유형 중 흔히 '뱀주사위 놀이'라고 불리는 놀이를 응용한 '오르락내리락 역사 보드게임'을 제작했다.

한국전쟁과 관련하여 인터넷, 서적 등의 자료를 탐색한 학생들은 배경, 과정, 결과 영역으로 나누어 정리했다. 각 영역별로 대략 4~8개의 내용을 설정하고, 나름의 기준을 세워 우리나라에 긍정적인 영향을 주는 것에는 높은 점수를, 부정적인 영향을 주는 것에는 낮은 점수를 편성하였다. 이 점수는 오르락내리락 보드게임에서 다음 단계로 나아가거나, 오히려 거꾸로 돌아가게 만드는 게임 진행을 설계하는 데 영향을 준다.

이 보드게임의 장점은 단순히 역사를 흥미롭게 공부하는 것에서 그치지 않는다. 뮤지컬 창작에서 장면 구성의 바탕이 되는 배경, 과정,

결과의 장면 분위기를 직관적으로 이해할 수 있는 기회가 된다. 보드게임 활동은 이야기 창작의 밑거름이 되어 학생들이 다채로운 장면의 이야기를 상상하여 표현할 수 있도록 돕는다.

역사적 사건을 배경, 과정, 결과로 정리하고, 나름의 기준으로 평가해 보는 경험을 통하여 '오르락내리락 역사 보드게임'으로 발전시켰다.

이야기와 대본 만들기

이번 프로젝트에서 창작한 뮤지컬은 역사를 지금 이곳에서의 이야기로 변주하는 것이기에 역사와 현실의 이야기가 교차로 진행되는 방식이다. 학생들은 탐색한 자료를 바탕으로 우선 역사 이야기를 '과정 – 배경 – 결과'의 3개 장면으로 구성하여 정리했다. 그리고 한국전쟁이 만일 우리 교실에서 벌어지게 된다면 어떤 사건에 빗대어 생각해 볼 수 있을까를 주제로 현실에서의 이야기를 창작했다.

학생들은 사이가 좋았던 두 친구가 여러 가지 이유로 인해 멀어지고, 이후 갈등을 겪게 된다는 방향의 이야기를 만들었다. 이야기를 만들 때 중요한 것은 '인물'을 보다 구체적으로 상상하여 정리해야 한다는 것이다. 만약 학생들의 인물 설정이 명확하지 않다면 추가 시간을 배치하여 어떤 인물이 등장하는지, 그 인물은 어떤 성격을 갖고 있으며 이 극에서 어떤 역할을 하는지 구체적으로 정리해 볼 수 있는 활동을 진행하는 것이 좋다.

이야기와 음악 연결하기

뮤지컬 수업에서 음악을 활용하는 방법은 다양하다. 교사가 몇 가지 곡을 제시하여 선택할 수 있도록 하는 방법, 학생들이 장면과 어울리는 음악을 찾아보는 방법, 장면과 어울리는 음악을 직접 만드는 방법, 작곡가와 연계하여 학생이 만든 멜로디를 다듬어 작곡하는 방법 등이 있다. 이번 프로젝트에서는 학생들과 곡의 분위기에 대해 함께 이야기 나눠 보고 교사가 이에 어울리는 몇 개의 뮤지컬 넘버를 선정하여 학생들이 선택하는 방향으로 수업을 진행했다.

학생들에게 제시한 곡의 목록은 다음과 같다.

- Empty Chairs at Empty Tables(뮤지컬 〈레미제라블〉)
- I Dreamed a Dream(뮤지컬 〈레미제라블〉)
- Seasons of Love(뮤지컬 〈렌트〉)
- Finale B(뮤지컬 〈렌트〉)
- 없네 없어(뮤지컬 〈오, 당신이 잠든 사이에〉)

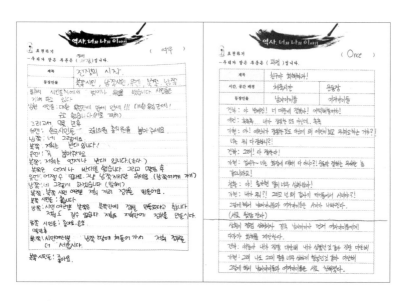

뮤지컬 대본을 살펴보며 곡을 감상한 후에 장면에 어울리는 곡을 선정하여 목록을 재구성하고, 대사를 가사로 만드는 과정을 거쳐 작품에 적합한 뮤지컬 넘버로 완성하였다.

- 광복의 기쁨을 노래하는 장면
- Seasons of Love〈뮤지컬 〈렌트〉〉
- 전쟁의 혼란스러움을 노래하는 장면
- 없네 없어〈뮤지컬 〈오, 당신이 잠든 사이에〉〉
- 긴 전쟁으로 인해 힘든 삶을 이어 가는 사람들이 노래하는 장면
- Empty Chairs at Empty Tables〈뮤지컬 〈레미제라블〉〉
- 깨달음을 얻은 두 친구가 고민과 다짐을 노래하는 장면
- I Dreamed a Dream〈뮤지컬 〈레미제라블〉〉

- 모두 함께 평화를 노래하는 장면
- Finale B(뮤지컬 〈렌트〉)

사람 사이의 갈등을 다루는 이야기라면 어디에 들어가도 어색하지 않을 만한 두 인물의 갈등, 고민, 다짐의 마음을 담은 4번 넘버 '고민과 다짐의 노래'는 공연을 올렸을 때 많은 학생과 어른들에게 공감과 박수를 얻었다. 학생들이 가사 만들기 활동을 어려워하는 경우 다음의 가사를 참고할 수 있도록 안내하면 큰 도움이 될 것이다.

고민과 다짐의 노래

(사랑)

한때는 행복했었지

이제는 기억나지 않아

서로를 힘들게 했어

생각만 해도 마음 아파

(북건)

우린 왜 이렇게 됐나

도무지 생각나지 않아

나의 오해는 아닐까

더 이상 되돌릴 순 없나

(사랑이 무리)

많은 시간 지나고
남이 되어 버린 지금

(북건이 무리)
되돌릴 수는 없나
좋은 방법 없을까

(사랑, 북건)
나부터 시작해 보자
모두 행복한 학교 위해
밝은 내일을 향해서
용기 내 먼저 손 내밀자

(서로 엇갈려 무대를 돌아다니다가 무대 중앙에서 만난다.
친구들은 사랑이와 북건이를 둘러싼다.)

무대의상 준비하기

미술·실과 교과를 연계하여 학생들이 무대에 입고 오를 의상을 스스로 디자인하고, 필요한 경우 바느질해 직접 만드는 활동을 진행했다. 현실의 장면을 연기하는 학생들은 비교적 수월하게 진행하고 준비했으나, 역사적 장면을 연기하는 학생들은 좀 더 많은 노력이 필요했다. 한국전쟁을 표현하려다 보니 어쩔 수 없이 당시 전투복이 필요했는데, 의상 대여를 할 수 있는 여건이 되지 않아서 학생들이 직접 준비해야 했다.

이를 어떻게 해야 하나 고민하고 있을 때, 의상 디자이너를 꿈꾸던 한 학생이 나서서 자신이 전투복을 디자인해 보고 싶다고 했다. 그 학생이 맡은 역할은 미국 군인이었다. 성조기를 모티브로 파란색 전투복을 디자인했고, 필요한 재료를 제공해 주어 3벌의 의상을 제작했다. 나머지 학생들은 꼭 들어맞는 의상을 제작하지는 못했지만, 각자 자신이 맡은 역할을 최대한 잘 표현할 수 있을 만한 소품과 의상을 집에서 찾아와 나름대로 역할을 구현해 냈다.

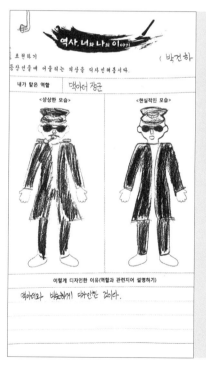

모든 학생이 자신이 맡은 역할의 의상을 디자인해 보는 활동을 진행했다. '상상한 모습'과 '현실적인 모습'으로 나누어 그리도록 하였다.
맥아더 장군 역할을 맡았던 한 학생은 상상한 모습과 현실적인 모습이 거의 같았는데, 실제 공연에서도 계획과 유사한 의상을 준비해 와서 실감 나게 역할을 표현했다.

"제가 만들어 볼게요." 이만큼 큰 힘이 되는 말이 또 있을까. 전투복을 어떻게 표현하면 좋을까 고민하던 중 한 학생이 직접 디자인하고 바느질하여 의상을 만들어 보겠다고 했다.

교사가 한 것은 필요한 재료를 구해 주는 것뿐이었다. 이 학생은 자신과 같은 역할을 맡은 다른 두 친구의 옷도 제작하여 성공적인 공연을 만들어 가는 데 큰 도움을 주었다.

홍보 활동

뮤지컬 수업에서 홍보 활동은 보너스 같다. 하지 않고 지나가더라도 크게 영향을 주지는 않지만, 막상 없으면 살짝 아쉽다. 진행하면 학생들이 큰 흥미를 보이는 활동이기도 하다.

홍보에는 다양한 방법이 있다. 기본적으로 포스터를 만드는 활동, 공연 관련 영상을 제작하는 활동(예고편 등), 버스킹 활동, 퍼포먼스 등이 있다. 이번 프로젝트를 진행할 때에는 홍보 활동 자체를 하나의 중요한 과정으로 고려하여 기획했고, 3가지의 활동을 진행했다.

① 포스터 만들기

우리의 작품은 총 6장으로 구성되어 있는데, 6팀으로 나뉘어 장면별로 주요 인물을 뽑아 인물 중심의 포스터를 제작했다.

장면별 인물의 핵심 대사를 적고, 인물의 상황과 마음을 잘 표현할 수 있는 그림을 그려 포스터를 디자인하고 제작하도록 안내했다. 완성한 포스터는 학교 곳곳에 게시하였다.

② 대지 미술 퍼포먼스

대지 미술을 응용한 운동장 미술 퍼포먼스는 이번 프로젝트를 통틀어 가장 강렬하게 기억에 남는 교육활동이다. 우리 작품을 잘 표현할 수 있는 단순한 이미지를 공모를 받아 선정했고, 운동장 도안을 그려 네 팀으로 각각의 담당 영역을 나누었다.

고깔과 물통을 이용해 2시간 정도의 작업을 진행했고, 학교 어느 장소에서도 볼 수 있는 대형 작품을 운동장에 남겼다. 공교롭게도 이 그림을 그렸을 때는 6월 22일로 한국전쟁 기념일을 며칠 앞둔 상황이라 더욱 의미 있는 퍼포먼스가 되었다.

1시간 스케치, 1시간 함께 계획 세우기, 2시간 운동장에서 그림 그리기. 총 4시간에 걸쳐 우리만의 운동장 미술 퍼포먼스를 진행하였다.

③ 창경궁 버스킹

현장체험학습으로 대학로에 가서 뮤지컬을 관람하고, 창경궁에 들렀다. 창경궁에 담긴 우리나라의 아픈 역사 이야기를 함께 나누고, 첫 번째 뮤지컬 넘버인 「광복의 노래」를 불렀다.

다소 즉흥적이었다. 창경궁에서 장소에 대해 설명하던 중 외국인들이 지나갔고, 우리가 준비하던 작품의 뮤지컬 넘버를 함께 부르자 하였다. 갑작스럽게 찾아온 경험의 순간이었지만, 아이들은 이후에도 그날의 순간을 잊지 못하고 계속 이야기하였다.

뮤지컬 공연

6학년 4개 학급이 그동안 준비한 뮤지컬 작품을 함께 나누는 자리를 마련하였다. 각각 3.1운동, 한국전쟁, 4.19혁명, 5.18민주화운동을 맡아 현실의 이야기와 연결한 뮤지컬 작품을 창작하였다. 관객으로는 학부모, 5학년 후배 학생들, 공연 관람이 가능한 교직원 등을 초청했다.

공연을 마치고 나서는 두 학급씩 짝을 지어 서로의 작품에 대한 비평, 넘버 바꿔 부르기, 프로젝트의 과정 공유하기 등을 포함한 소통의 시간을 가졌다.

공연을 전제로 하는 뮤지컬 교육활동에서 가장 아름다운 장면은 백스테이지에서의 모습이다. 무대 위에서 그동안 땀흘려 노력한 공연을 선보이는 모습도 멋지지만, 무대 뒤에서 다음 장면을 준비하며 서로를 챙기며 격려하는 모습은 그 자체로 아름답다. 떨리는 마음을 안고 무대에 올라 함께 연기하고 노래하고 춤추며 그간 준비한 모든 것을 풀어 내는 경험은 잊지 못할 순간이 될 것이다.

사례 2
독서교육, 뮤지컬로 깊이 읽다
낭독 뮤지컬 〈시원탕 옆 기억사진관〉

수업 디자인하기

1단계 자유로운 상상

사라져 가는 마을의 모습에 대해 담담하게 그린 동화 『시원탕 옆 기억사진관』을 몰입하며 읽을 수 있는 활동을 진행하고 싶다. 완전히 새로운 뮤지컬 대본을 만들기보다는 책의 텍스트를 최대한 살려 낭독 뮤지컬 형태로 진행하면 좋겠다. 주요 대사를 만들어 내고, 음악으로 표현하기에 적절한 부분에 음악을 넣어 가사를 만드는 것이다. 낭독 뮤지컬 창작은 공연에 대한 부담은 내려놓고, 상황의 변화에 따른 인물의 심리 변화에 좀 더 집중할 수 있다.

공연은 누구든 원하면 자유롭게 와서 관람할 수 있도록 점심시간이

나 방과후 시간을 활용하여 운영하면 좋겠다. 커다란 현수막을 바닥에 깔아 두고 학생들과 배경막을 함께 그리면 잊지 못할 추억으로 남게 되지 않을까.

2단계 교육뮤지컬 수업 모델 선정

① **선정 모델** : 창작 중심 뮤지컬 수업

② **이유** : 이번 뮤지컬 수업의 목적은 함께 선정한 책을 좀 더 깊이 읽고 생생하게 느끼는 경험을 하는 것이다. 책 속의 글을 우리의 목소리로 꺼내어 표현해 보고, 음악이 어울리는 몇 개의 장면은 음악과 가사를 붙여 표현했다. 무대 배경막을 협업하여 그려 보는 경험에 집중할 수 있도록 창작 중심 뮤지컬 수업으로 선정했다.

3단계 교육뮤지컬 구성 요소 선정

① **구성 요소** : 이야기, 음악, 미술, 안무, 연기

② **배정** : 이야기(40), 음악(20), 미술(20), 안무(10), 연기(10)

③ **이유** : 원작의 배경, 인물, 사건을 파악하고, 책에서 다 드러나지 않는 인물의 심리를 대사로 표현하는 과정 속에서 학생들은 작품에 몰입할 수 있다. 장면을 효과적으로 드러낼 수 있는 음악을 선정하여 가사로 만들고, 함께 부르는 경험을 한다. 배경막 작업을 통해 공연에서 무대미술의 역할과 협력 과정을 이해한다.

4단계 교육과정 분석과 연계

① **핵심 개념** : 장소 및 생활 공간의 체계(사회), 문학의 수용과 생산(국어)

② **주요 성취기준 탐색 및 분석**

[4사04-01] 촌락과 도시의 공통점과 차이점을 비교하고, 각각에서 나타나는
문제점과 해결 방안을 탐색한다.
[4국05-02] 인물, 사건, 배경에 주목하며 작품을 이해한다.

→ 작품 속 인물이 놓인 배경과 겪게 되는 사건을 이해하는 과정을 통
해 사회의 변화로 사라져 가는 주변의 것에 관심을 갖고 살펴본다.

③ **보조 성취기준**

[4국01-04] 적절한 표정, 몸짓, 말투로 말한다.
[4국05-04] 작품을 듣거나 읽거나 보고 떠오른 느낌과 생각을 다양하게 표
현한다.
[4음01-02] 악곡에 어울리는 신체 표현을 한다.
[4음01-03] 제재곡의 노랫말을 바꾸거나 노랫말에 맞는 말붙임새로 만든다.
[4음03-01] 음악을 활용하여 가정, 학교, 사회 등의 행사에 참여하고 느낌을
발표한다.
[4체04-02] 느낌이나 생각을 창의적인 움직임으로 표현하는 데 적합한 기본
동작을 다양한 표현 상황에 적용한다.
[4체04-06] 음악(동요, 민요 등)에 맞추어 신체 또는 여러 가지 도구(공, 줄,
후프 등)를 활용한 다양한 동작을 표현 상황에 적용한다.
[4미02-04] 표현 방법과 과정에 관심을 가지고 계획할 수 있다.

5단계 수업의 흐름과 차시별 활동 구성

단계	주요 활동	배움 활동
준비하기	사진과 그림으로 만나는 우리 마을	• 1회용 카메라로 우리 마을 사진 찍기 • 인화된 사진으로 그림엽서 만들기
떠올리기	『시원탕 옆 기억사진관』 깊이 읽기	• 책 함께 읽으며 독후 활동하기
	젠트리피케이션 현상 알아보기	• 낯선이의 투자 보드게임을 통해 젠트리피케이션 현상 이해하기
표현하기	낭독 뮤지컬 대본 만들기	• 3장으로 나누어 팀별로 낭독 뮤지컬 대본 구상하고 만들기
	음악 선정 및 가사 만들기	• 장면에 어울리는 음악 선정하고 인물의 상황과 마음을 생각하며 가사 만들기
	안무와 동선 만들기	• 음악에 어울리는 안무와 동선 만들고 연습하기
	배경막 그리기	• 작품 전체를 아우르는 이미지 그리기 • 공동 작업을 통해 배경막 완성하기
나누기	작품 발표회	• 관객 초대하여 작품 발표하기
	프로젝트 커튼콜	• 소감 나누기 • 나와 우리의 성장 확인하기

6단계 자료 탐색 및 수업 브랜딩

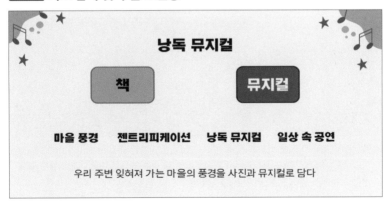

사진과 그림으로 만나는 우리 마을

낭독 뮤지컬 프로젝트에 들어가며 학생들은 작품 속 마을을 만나기 전에, 우리 마을을 사진과 그림으로 먼저 만나 보는 시간을 가졌다. 팀별로 일회용 필름 카메라를 나누어 주고 마을 곳곳의 사진을 찍어 오도록 했다. 쉼터, 자주 가는 음식점, 학교 주변, 골목길 등 마을의 다양한 장면을 담아 왔다. 학생들이 담아 온 장면이 담긴 소중한 필름은 사진관에 맡겨 인화했다.

인화된 사진을 처음 본다는 학생들도 많았다. 스마트폰에 익숙한 학생들은 일회용 필름 카메라도, 인화된 사진도 처음 보는 낯선 것이었다. 마음껏 촬영하고 삭제 가능한 디지털 방식의 사진이 아니라, 여러 번 고민하고 담아야 하는 필름 카메라의 매력을 한 번쯤은 맛보게 해

학생들은 팀을 이루어 일회용 필름 카메라를 들고 학교와 마을을 돌아다니며 이곳저곳의 풍경을 담아 왔다. 사진관에서 인화된 사진을 보고 그림을 그리고 엽서를 제작해서 친구들에게 전하고 싶은 메시지를 담았다.

주고 싶었다. 우리 주위에서 사라져 가는 것들에 대해 이야기하는 프로젝트였기에 적합한 교육 자료가 될 수 있을 것이라고 생각했다. 이어서 많은 사진 중에서 자신의 감성에 와닿는 사진을 골라 그림엽서로 제작해보는 활동을 진행했다. 학생들은 사진으로 담았던 마을 풍경을 두꺼운 종이와 색연필로 직접 표현해 보는 기회를 가졌다.

낭독 뮤지컬 대본 만들기

낭독 뮤지컬 대본을 만드는 과정은 보통의 뮤지컬 대본을 만드는 과정과 유사하면서도 차이가 있다. 유사한 점은 배경, 인물, 사건을 정리하는 과정이 필요하며, 이를 바탕으로 극의 흐름을 구성하고 뮤지컬로 만들어 가는 것이다. 차이점은 학생들이 별도로 배경, 인물, 사건을 구성할 필요가 없으며, 해설의 역할과 유사한 낭독자가 등장하여 극의 흐름을 매끄럽게 이어 간다는 것이다.

이를 반영하여 원작의 배경, 인물, 사건을 비주얼씽킹으로 정리하고, 시간 순서에 따른 이야기 흐름을 살펴보았다. 이후 낭독 뮤지컬을 만들기 위한 대본 양식을 제공하였고, 팀별로 담당한 부분의 장면을 뮤지컬 대본으로 만들었다.

원작의 목차를 중심으로 비주얼씽킹을 활용해 전체적인 흐름을 살펴볼 수 있도록 정리하는 활동을 진행했다. 이 활동은 뒤에 이어 나오는 시간 흐름에 따라 사건을 정리하는 활동의 참고 자료가 된다.

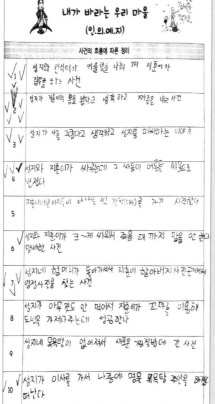

비주얼씽킹 활동에 이어서 좀 더 상세하게 주요 사건을 정리해 보는 활동을 진행했다. 약 10개의 주요 사건을 시간 흐름에 따라 정리한 후, 뮤지컬 장면에 꼭 등장했으면 하는 사건에는 팀 회의를 거쳐 체크 표시해 두도록 하였다.
팀별로 정리한 주요 사건 중 의견이 겹치는 장면은 우리 반이 뽑은 주요한 장면으로 간주하여 대본에 반영하는 방향으로 수업을 진행하였다.

146

낭독 뮤지컬 구성의 이해와 대본 창작을 쉽게 진행하기 위하여 어느 정도의 형식을 갖춘 대본 양식을 제공했다. 학생들의 자유로운 표현을 보장하기 위하여 양식은 얼마든지 변형하여 진행할 수 있도록 하였으며, 기본적인 낭독 뮤지컬의 대본 양식은 다음과 같이 해설, 연기, 노래가 적절히 조화를 이루어 배치되는 형태로 구성했다. 마치 블록을 맞추는 것과 같이 해설, 연기, 노래를 자신들이 만드는 장면에서 적절하게 배치하여 구성하도록 안내했다.

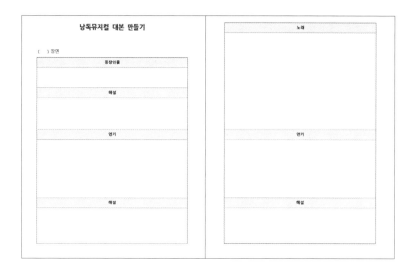

음악 선정 및 가사 만들기

장면에 음악을 연결하는 과정은 4개의 질문을 정리하는 과정 속에서 자연스럽게 이루어질 수 있도록 활동지를 구성하여 진행했다.

1. 장면별 주요 사건 정리

2. 장면의 분위기와 인물의 감정

3. 어울리는 음악의 제목과 곡의 느낌

4. 가사의 대략적인 내용

이 프로젝트에서 만든 작품은 3개의 장으로 구성했는데, 먼저 장면별로 주요 사건을 간단히 정리해 보도록 했다. 그리고 해당 장의 주요한 분위기와 인물의 감정에 대해 이야기 나눠 보는 시간을 주었다. 이활동은 다음에 이어지는 음악 찾기에 도움이 된다. 본격적으로 장면에 어울리는 음악을 탐색하여 곡의 느낌을 서술하도록 했고, 마지막으로는 곡에 어떤 가사를 담을 것인지 대략적으로 떠올려 보게 하였다.

내가 살고싶은 마을
(인.의.예.지)

왕정은

장면별 사건	분위기, 감정	장면에 어울리는 음악 고르기		가사의 대략적인 내용
		장면에 어울리는 음악 제목과 곡의 느낌		
[1장] 지훈이의 질투	분노	위대한 쇼	열정적인 느낌	최고의 쇼를 만들 겠다
[2장] 우리 마을 사라질까?	살짝.. 슬픔	손 Way back home	우울한 느낌	다시 내게 돌아와주신 말을 하고싶은 말
[3장] 신뢰받은 계속 된다	그리움	2002	잔잔한 느낌	남자친구가 생겼던 기억을 떠올리며 노래를 한다.

148

학생들과 탐색과 토의를 거쳐 선정한 음악과 장면은 다음과 같이 정리하였다.

- 좋아하는 남학생과 다른 여학생의 관계를 질투하는 장면
 - 여행(볼빨간사춘기)
- 두 인물이 싸우고 나서 기분이 상한 장면
 - Way Back Home(션)
- 한 학생이 이사를 가게 되어 아쉽게 이별을 이야기하는 장면
 - 안녕(폴킴)
- 사라져 가는 마을의 소중한 존재들을 잊지 말자는 메시지를 전하는 장면
 - You Will Be Found(뮤지컬 〈Dear Evan Hansen〉)

1~3번 넘버는 각 팀에서 가사를 만들었고, 마지막 넘버는 모든 학생이 가사 만들기에 도전하여 한 조각씩 정성스럽게 맞추어 하나의 곡으로 완성했다. 학생들은 뮤지컬 넘버의 가사를 만드는 과정 속에서 마을에서 점차 잊혀져 가는 존재에 대해 생각해 볼 수 있었다.

기억해요

(학생1)
당연하게 내 곁에 있는 것들

소중하다 생각하지 못할 때가 많았어
흔적 없이 사라질 것만 같아
모든 추억 사라질까

(학생2)
아직 우리는 늦지 않았어
우리 곁을 항상 지켜 주는 곳을 돌아봐
내가 어른 되어 돌아왔을 때
추억들이 남아 있을까

(학생3)
오오 소중한 걸 잊지 마
우리 마을 기억해요

(다 같이)
우리 함께 지켜 나가요
우리 마을 잊지 말아요
조금씩 변해 가도
기억해요

우리의 빛나는 추억
소중하게 간직해 봐요
세상이 변해 가도
기억해요
잊지 마요

암전.

배경막 그리기

무대미술의 범위는 넓고, 방식도 다양하다. 기술이 발전하면서 더 많은 시도가 계속되고 있으며, 마술 기법을 활용한 놀라운 연출도 최근에 종종 찾아볼 수 있다. 교육뮤지컬 수업에서의 무대미술도 그러하다. 아이디어가 있고 상황이 된다면 얼마든지 학생들과 멋진 무대미술을 완성해 갈 수 있다. 그런데 막상 머릿속으로 상상한 무대미술을 현실로 구현하기에 어려움을 겪을 가능성도 있다. 그럴 때 누구나 할 수 있는 전통적인 무대미술 방법 중 하나인 배경막 그리기에 도전해 보는 것을 추천한다.

이 프로젝트에서는 한 개의 배경막을 그렸지만, 상황이 된다면 장소의 변화에 따라 배경막을 적절히 교체할 수 있도록 여러 개를 그리면

우리의 작품에 어울릴 만한 배경막의 그림으로 어떤 것이 있을지 충분히 토의한 후 학생들은 개별 스케치 작업에 들어갔다. 스케치 작품을 모아 투표를 진행했고, 선정된 작품으로 현수막에 밑그림을 그렸다. 현수막은 따로 구입하지 않았다. 학교 이곳저곳을 돌아다니다가 버려진 현수막을 발견하여 재활용했다. 물감과 붓은 자료실에 있는 것을 활용하였으므로 예산이 따로 들지 않았다. 밑그림과 채색까지 포함하여 넉넉히 3~4차시 정도를 편성하면 충분히 배경막을 완성할 수 있다.

더 좋다. 만일 학년 단위로 함께 운영하는 공동 프로젝트인 경우 미리 소통하여 반별로 다른 장소와 분위기의 배경막을 그린다면 서로 공유하여 사용하는 것도 좋은 방법이 될 수 있다.

작품 발표회

보통 교육뮤지컬 수업 시간에 만든 작품을 또 다른 수업 시간에 공연하는 경우가 많다. 좋은 점은 다른 학년 혹은 학급과 미리 소통하여 어느 정도의 고정된 관객을 확보할 수 있다는 점이다. 반면에 공연을 관람하러 온 관객의 자발성은 많이 떨어진다. 정해진 학생만 올 수 있다는 아쉬움도 있다. 그래서 이 프로젝트에서 만든 작품은 누구나 보러 올 수 있는 점심시간에 공연하기로 했다.

물론 주 관객은 동학년 친구들이었지만, 자발적으로 친구들의 공연이 보고 싶어서 귀한 시간을 쪼개어 온 학생들의 반응은 뜨거웠다. 보통 학생들은 학교에서 이루어지는 공연예술은 대가 없이 제공된다고 생각한다. 그런데 이렇게 자신의 '시간'을 지불하고 공연을 관람하러 찾아오는 경험을 제공하는 것은 누군가가 준비한 작품을 존중하는 태도를 갖게 한다. 상황에 따라서 수업 시간에 공연해야 하는 경우도 있겠지만, 때로는 공연을 보고 싶은 누구나 찾아올 수 있는 열린 시간을 선정하여 발표 활동을 진행해 보는 것도 의미 있는 경험이 될 것이다.

사례 3
진로교육, 뮤지컬로 꿈꾸다
빌리와 함께 꿈 Jump! 생각 Jump!

수업 디자인하기

1단계 **자유로운 상상**

학생이 검사지를 통해 자신의 적성과 흥미를 파악하는 방식이 아니라, 스토리텔링 속에서 자연스럽게 자신에 대해 들여다보고, 작품 속 인물에 자신을 투영하여 부담 없이 표현해 볼 수 있었으면 좋겠다. 뮤지컬 〈빌리 엘리어트〉를 보면 자신에게 주어진 일과 한순간에 마음을 흔들어 버린 하고 싶은 일 사이에서 고민하는 한 소년이 등장한다. 권투 글러브와 발레 슈즈로 상징되는 두 갈래의 길, 이런 상황이 주어진다면 학생들은 어떤 선택을 할까? 뮤지컬 작품 속의 주요 인물과 각 인물의 대표 뮤지컬 넘버를 바탕으로 진로 수업을 만들어 보자.

2단계 교육뮤지컬 수업 모델 선정

① **선정 모델** : 감상 중심 뮤지컬 수업

② **이유** : 뮤지컬 〈빌리 엘리어트〉를 감상하고, 등장인물의 삶과 주변 환경에 초점을 맞추어 작품을 살펴보면서 자신의 가치관과 진로에 대한 생각을 비추어 볼 수 있는 경험을 제공하고자 감상 중심 수업 모델을 선정하였다. 한 번에 모든 장면을 감상하기보다는 주요 넘버를 중심으로 장면을 나누어 감상하고, 이후 다양한 표현 활동을 곁들여 자신의 생각을 표현할 수 있도록 진행한다.

3단계 교육뮤지컬 구성 요소 선정

① **구성 요소** : 이야기, 미술, 음악

② **배정** : 이야기(50), 미술(30), 음악(20)

③ **이유** : 이번 수업에서 가장 중요한 활동은 빌리의 삶에 놓인 두 갈래의 길을 이해하고, 자신의 삶에 비추어 판단해 보는 활동이다. 빌리뿐만 아니라 아빠, 형, 선생님 등 주변 인물의 삶까지 함께 살펴보며 당시의 시대 상황이나 사람들의 가치관 등을 통해 주어진 환경 속에서 인물이 겪는 내·외적 갈등을 간접 체험한다. 이후 전구와 음악, 사진을 융합한 미디어아트 활동을 통해 자신의 꿈과 연결한 협동 작품을 창작해 본다.

4단계 교육과정 분석과 연계

① **핵심 개념** : 적응(실과), 성실(도덕)

② **주요 성취기준 탐색 및 분석**

[6실05-02] 나를 이해하고 적성, 흥미, 성격에 맞는 직업을 탐색한다.

[6도01-02] 자주적인 삶을 위해 자신을 이해하고 존중하며 자주적인 삶의
의미와 중요성을 깨닫고 실천 방법을 익힌다.

→ 뮤지컬 작품 속 인물의 사례를 통해 나의 삶을 들여다보고, 자주적
태도를 갖고 나의 진로를 탐색한다.

③ **보조 성취기준**

[6국05-05] 작품에 대한 이해와 감상을 바탕으로 하여 다른 사람과 적극적
으로 소통한다.

[6과13-01] 전지와 전구, 전선을 연결하여 전구에 불이 켜지는 조건을 찾아
설명할 수 있다.

[6과13-02] 전구를 직렬연결할 때와 병렬연결할 때 전구의 밝기 차이를 비
교할 수 있다.

[6미01-04] 이미지를 활용하여 자신의 느낌과 생각을 전달할 수 있다.

[6미01-05] 미술 활동에 타 교과의 내용, 방법 등을 활용할 수 있다.

[6미02-05] 다양한 표현 방법의 특징과 과정을 탐색하여 활용할 수 있다.

[6음01-05] 이야기의 장면이나 상황을 음악으로 표현한다.

5단계 수업의 흐름과 차시별 활동 구성

단계	주요 활동	배움 활동
준비하기	뮤지컬 감상하기	• 〈빌리 엘리어트〉 나누어 감상하기
떠올리기	작품 속 인물의 삶 파악하기	• 인물의 말과 행동을 통해 삶을 파악하기
	작품 속 인물의 삶 판단하기	• 내가 생각하는 가치 있는 삶의 기준과 비교하여 인물의 삶 판단하기
	빌리 앞에 놓인 두 갈래 길	• 빌리에게 주어진 선택의 순간을 보며 나의 입장에서 생각해 보기
	나 이해하기	• 내가 좋아하는 것, 잘하는 것, 해야 하는 것 정리해 보기
표현하기	〈꿈을 켜다〉 작품 계획하기	• 〈꿈을 켜다〉 작품전에 출품할 협동 작품 협의하기
	〈꿈을 켜다〉 작품 만들기	• 전기회로를 이용하여 작품 만들기
나누기	〈꿈을 켜다〉 작품 전시회	• 친구들의 작품을 감상하며 비평하기
	프로젝트 커튼콜	• 소감 나누기 • 나와 우리의 성장 확인하기

6단계 자료 탐색 및 수업 브랜딩

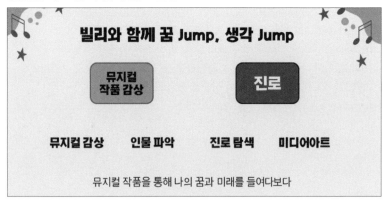

수업 주요 활동 들여다보기

뮤지컬 감상하기

뮤지컬 〈빌리 엘리어트〉는 학생들이 보기에 러닝타임이 꽤 길다. 약 180분 정도 된다. 한 번에 보는 것이 가장 좋겠으나 영상으로 관람하는 것이기에 무리가 된다고 판단했다. 어떻게 하면 학생들이 작품의 흐름을 놓치지 않고 따라가며 적절히 끊어서 볼 수 있을까 고민하다가 프로젝트의 소주제와 뮤지컬 넘버 리스트가 눈에 들어왔다.

이번 프로젝트의 소주제는 3개로 구성하였다. 인물의 삶, 나의 꿈, 사회문제 순으로 진행하고자 했다. 작품 속 인물의 삶을 들여다보고 자신의 삶에 적용해 보며 시야를 사회로 확장해 보는 흐름이다. 그리고 〈빌리 엘리어트〉의 뮤지컬 넘버를 살펴보았는데, 각각의 소주제를 상징적으로 보여 줄 만한 곡들이 있었다.

- 인물의 삶을 보여 줄 수 있는 뮤지컬 넘버 〈Shine〉
- "당신이 크든 작든, 사다리꼴 모양이든, 짧든 길든 중요하지 않아. 그냥 빛나면 돼."
- 나를 짜릿하게 만드는 꿈에 대해 이야기할 수 있는 넘버 〈Electricity〉
- "갑자기 나는 느낌이 나요. 마음속에 전기가 튀는 것처럼요. 그리고 난 자유로워져요."
- 노동자의 인권에 대해 생각해 볼 수 있는 넘버 〈Once We Were

Kings〉

- "땅은 텅 비어 있고, 아주 차갑지만 우리는 함께해. 함께 내려가."

뮤지컬 넘버를 기준으로 하여 세 부분으로 나누어 감상했다. 각 부분을 관람하고, 소주제 활동을 진행하는 형태로 수업을 진행했다. 어떤 뮤지컬을 교육 자료로 활용한다고 할지라도 주요한 뮤지컬 넘버를 기준으로 적절히 나누어 본다면 극의 흐름을 최대한 이어 가면서 활동을 진행할 수 있다.

작품 속 인물 만나기

빌리가 꿈을 이루어 가는 과정 속에서 빠질 수 없는 것이 빌리와 주변 인물들의 삶에 대한 태도이다. 누군가 빌리를 도와주기도 하고, 방해하기도 한다. 주요 인물을 빌리, 아빠, 형, 선생님, 마이클(친구)로 정리하고, 각자 작품을 관람하면서 자신의 마음에 특별히 와닿았던 인물을 선정했다. 각 인물이 등장하는 3가지 주요 장면을 제시하였고, 학생들은 인물의 말과 행동, 부르는 노래의 가사를 통해 인물의 삶을 파악하였다. 이후 자신의 삶의 태도와 비교해 보면서 세상의 다양한 사람들을 이해하는 시간을 가졌다.

(빌리)의 삶 알아보고 판단하기

상황	말(노래 가사)	행동	나였다면?
	"지금은 밤보다 낮에가 더 좋아"	계속 밖에를 한다	나의 적성에 (꿈에) 따라 행동 했을 것이다
	"형은 자기 생각 만 해!"	(방에 들어간다) 계속 반항 한다	나의 결정에 따랐을 것이다
	"전기에 감전 된것처럼 춤출꺼야"	아빠 앞에서 발레를 춘다 아빠 앞에서 양반이서 않고 반대로 한다	꿈이 있는 사람처럼 발레는 신나고 재미 있고 할 멋있을 것이다

인물의 삶 정리하기

자기의 장래희망을 잃지 않고 자기 삶을 가는 삶

나의 삶은 어떤가요?

빌리는 자기의 삶을 찾는거 같아서 좋다

(아빠)의 삶 알아보고 판단하기

상황	말(노래 가사)	행동	나였다면?
	발레 하려고 권투는 안 하고 망치진 발레는 절대 안된다!!	타른내며 소리를 지른다	혼을 내고 다시 그건 하라고 한다 재능이 있으면 발레준다
	나는 이곳을 떠나서 않으리 빛나는 금을 줄래도 사랑스런 가족과 헤어지 이제 나 두 늘었지	노래를 부른다	나는 그여자를 생각하며 노래를 부른다
	개는 스타가 될수도 있어 이러고그만하자 파업	일 나가려고 한다	내 아들을 믿고 믿어준다

인물의 삶 정리하기

자식을 엄격하게 생각하지만 빌리가 스타가 될지도 모르니 ~~파업 그만두~~ 자신을 포기하고 아들의 꿈을 이루어준다.

나의 삶은 어떤가요?

나의 자식을 위하여 노력하나 아들이 실력이 좋으면 어디욱 밀어준다 그리고 하고싶다면 밀어준다.

나 이해하기

학생들은 자신이 잘하는 것, 좋아하는 것, 해야 하는 것에 대해 스스로 고민해 보았다. 일명 '잘·좋·해' 활동이다. 친구들과 활동지를 돌려 읽으며 친구가 빠뜨린 친구의 잘하는 것, 좋아하는 것, 해야 하는 것을 추가로 적어 주는 활동도 하였다. 자신에 대해 고민해 보고, 친구들에 대해 고민해 보고, 친구들이 바라보는 나의 모습을 통해 다시 한번 자신을 돌아볼 수 있는 시간이었다.

다음으로는 '나의 목표 해설서 만들기' 활동을 진행했다. 만다라트 Mandal-Art 기법을 활용하여 희망 진로를 이루기 위하여 내가 가야 할 방향을 다방면에서 고민하는 시간을 가졌다.

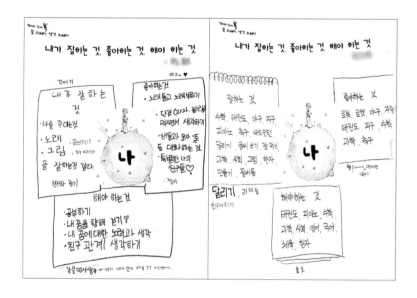

나의 목표를 이루기 위한 해설서

나의 목표를 이루기 위한 해설서

〈꿈을 켜다〉 작품 전시회

〈꿈을 켜다〉 작품전은 '친구들과 힘을 모아 우리의 꿈을 함께 켜자'는 주제로 전구를 활용한 사진·영상 작품을 공동 창작하여 전시회를 여는 활동이다.

학생들은 팀별로 전구를 활용한 작품을 계획하고 실제로 표현해 보는 활동을 하였다. 작품 계획 – 전기회로 설계 – 작품 창작 – 작품 공유 – 작품 비평의 과정을 거쳤다. 어떤 팀은 크로마키를 활용하기도 했고, 〈빌리 엘리어트〉의 뮤지컬 넘버를 활용한 퍼포먼스를 준비하기도 했다.

인권교육, 뮤지컬로 고민하다
달라도 친구 되어 행복한 세상 만들기

수업 디자인하기

1단계 **자유로운 상상**

세상 사람들은 모두 다르다. 그런데 주위를 둘러보면 다름을 인정하지 못하고, 때로는 '우리'라는 벽을 만들고 보이지 않는 차별을 행하기도 한다. 어떻게 하면 학생들이 살아 숨 쉬는 자료를 찾아와 함께 나누고, 문제를 인식하고, 해결책을 고민하여 시뮬레이션할 수 있을까? 학생들에게 친근한 애니메이션이나 동화를 통해 현실 문제를 인식하고, 이야기 창작을 위해 자료를 탐색 및 정리하는 과정에서는 간단한 형식의 보드게임을 활용해 폭넓게 사고할 수 있는 기회를 제공한다. 공연에 대한 부담을 줄이고 탐색과 창작에 집중하되, 주제별로 나온 단편

뮤지컬을 엮은 옴니버스 작품 형태로 학급 내에서 나눌 수 있는 방향으로 활동을 진행해 보자. 이야기를 만들고, 노래하고, 연기하면서 교실에서 우리가 꿈꾸는 세상을 미리 체험해 볼 수 있는 시간이 되도록 수업을 디자인한다.

2단계 교육뮤지컬 수업 모델 선정

① **선정 모델** : 창작 중심 뮤지컬 수업

② **이유** : 이 프로젝트에서 중요한 것은 우리 사회에서 일어나고 있는 소수자에 대한 차별 사례를 탐색하고 문제를 인식하여, 나름의 해결 방안을 모색해 보는 과정이다. 이 탐구와 제안의 과정을 뮤지컬과 연결하여 예술적으로 표현하고 발표해 보는 경험을 갖는 것이 중요하다. 이에 적합한 창작 중심 수업 모델을 선정하였다.

3단계 교육뮤지컬 구성 요소 선정

① **구성 요소** : 이야기, 음악, 연기, 안무

② **배정** : 이야기(40), 음악(30), 연기(20), 안무(10)

③ **이유** : 학생들이 사회문제를 인식하고, 해결 방안을 모색해 보는 과정 자체가 중요한 의미를 갖고 있기 때문에 이를 스토리텔링으로 다듬는 활동이 중요하다. 분위기에 어울리는 음악을 선정하여 가사를 만들어 부르는 활동을 통해 자신들이 전하고 싶은 메시지를 보다 명확히 전달할 수 있을 것이다.

4단계 교육과정 분석과 연계

① **핵심 개념** : 문화(사회), 정의(도덕)

② **주요 성취기준 탐색 및 분석**

[4사04-06] 우리 사회에 다양한 문화가 확산되면서 생기는 문제(편견, 차별
등)및 해결 방안을 탐구하고, 다른 문화를 존중하는 태도를 기른다.
[4도03-02] 다문화사회에서 다양성을 수용해야 하는 이유를 탐구하고, 올바
른 의사결정 과정을 통해 다른 사람과 문화를 공정하게 대하는 태
도를 지닌다.

→ 우리 사회에서 공공연하게 일어나고 있는 편견과 차별 문제의 사
례와 원인을 탐색하고, 다양성 수용의 태도를 바탕으로 극적 표현
을 통해 문제를 해결하기 위한 방법을 다양하게 제시해 본다.

③ **보조 성취기준**

[4국02-04] 글을 읽고 사실과 의견을 구별한다.
[4국03-03] 관심 있는 주제에 대해 자신의 의견이 드러나게 글을 쓴다.
[4국05-03] 이야기의 흐름을 파악하여 이어질 내용을 상상하고 표현한다.
[4음01-02] 악곡에 어울리는 신체 표현을 한다.
[4음01-03] 제재곡의 노랫말을 바꾸거나 노랫말에 맞는 말붙임새로 만든다.
[4체04-03] 개인 또는 모둠별로 움직임 언어나 표현 요소를 활용하여 구성
한 작품을 발표하고 이를 감상한다.

5단계 수업의 흐름과 차시별 활동 구성

단계	주요 활동	배움 활동
준비하기	『마당을 나온 암탉』 감상하기	• 『마당을 나온 암탉』 주요 장면 감상하기 • 함께 가사 쓰기로 여는 노래 만들기
떠올리기	의견의 적절성을 판단하는 까닭과 방법 알아보기	• 동화에 등장하는 인물들이 제시한 의견글 읽기 • 의견의 적절성을 판단하는 방법 알아보기
	우리 사회의 소수자 알아보기	• 다양한 사람들 카드 뽑기 활동하기 • 프로젝트 대상 선정 및 팀 나누기
	소수자 차별 사례 알아보기 달친행 카페 투어	• 소수자 차별 사례 조사하고 나누기 • 문제 상황 스토리 선정하기
	소수자 차별 문제 해결을 위한 노력 알아보기	• 소수자 차별 문제 해결을 위한 노력 알아보기 • 보드게임을 통해 문제에 대한 해결책 떠올리기
	문제를 해결하기 위한 방법에 대해 자신의 의견이 드러나는 글쓰기	• 소수자 차별 문제에 대한 해결 방안을 생각하여 의견이 드러나는 글쓰기
	글을 읽고 의견의 타당성 평가하기	• 우리 반 평가 기준 세우기 • 의견의 적절성 판단하기 • 해결 장면 스토리 선정하기
표현하기	이야기 만들기	• 선정한 스토리를 바탕으로 이야기 만들기
	징검다리 노래 가사 만들기	• 가사를 쓰기 위한 질문 토의하기 • 징검다리 노래 가사 만들기
	뮤지컬 대본 만들기	• 이야기와 음악을 연결해 대본 만들기
	연습하기	• 대사, 노래, 안무 연습하기
나누기	작품 발표회	• 공연 및 관람하기
	프로젝트 커튼콜	• 소감 나누기 • 나와 우리의 성장 확인하기

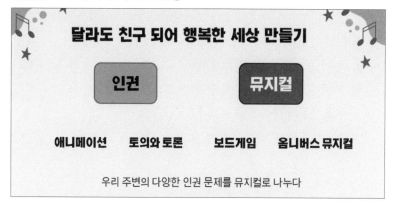

6단계 자료 탐색 및 수업 브랜딩

달라도 친구 되어 행복한 세상 만들기

인권 뮤지컬

애니메이션 토의와 토론 보드게임 옴니버스 뮤지컬

우리 주변의 다양한 인권 문제를 뮤지컬로 나누다

수업 주요 활동 들여다보기

디딤책으로 생각 열기

학생들이 프로젝트 주제에 마음을 열고 편안히 접근할 수 있도록 그림책이나 동화책을 활용하는 경우가 많다. 이렇게 프로젝트에 다가가는 데 도움을 주는 책을 '디딤책'이라고 이름 붙였다. 이번 프로젝트에서는 『마당을 나온 암탉』을 읽고 몇 가지 주요 장면을 선정하여 주요 인물이 겪고 있는 차별적 상황을 인물 중심으로 정해 보았다.

7가지 질문에 대해 답을 찾아가는 과정 속에서 학생들은 작품 속 인물이 처한 상황과 마음을 이해하고, 주변 인물의 말과 행동의 이유를 파악하는 활동으로 사고를 확장해 갈 수 있었다.

1. 인물은 어떤 상황에 처해 있나요?

2. 주요 인물은 어떤 생각을 하고 있을까요?

3. 주변 인물의 반응은 어떠한가요?

4. 왜 이렇게 말하고 행동했을까요?

5. 주변 인물들에게 어떤 말을 해 주고 싶나요?

6. 주요 인물의 마음은 어떠할까요?

7. 주요 인물에게 어떤 말을 해 주고 싶나요?

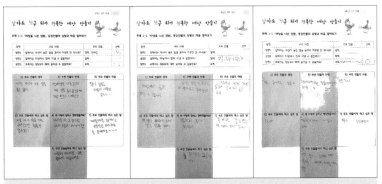

주요 인물의 생각, 주변 인물의 반응과 이유, 주요 인물의 마음의 순서로 질문을 확장하며 잎싹이와 초록이가 이야기 속에서 겪었던 상황을 나의 시선에서 바라보고 정리해 보았다.

다음으로는 각 장면에서 인물의 마음을 잘 드러낼 수 있는 음악을 선정하여 가사 만드는 활동을 진행했다. 학생들은 이미 이전 활동에서 인물의 상황, 생각, 마음을 이해하고 공감하였기에 비교적 쉽게 가사로 표현할 수 있었다. 이번 과정에서의 결과물은 '프로젝트 오프닝송'

이라는 이름을 붙이고 함
께 불러 보며 우리가 앞으
로 어떤 주제에 대해 배우
게 될 것인지 감각적으로
느끼도록 했다.

보드게임을 활용한 이야기 만들기

본격적으로 우리 사회에서 발생하고 있는 소수자에 대한 차별 사례를
탐색하고, 문제를 파악하는 활동을 진행했다. 자료를 찾아 발표하는
활동에서 나아가 단순한 형태의 '접착용 메모지 보드게임'을 직접 만
들어 활용했는데, 그동안 머릿속에 얽혀 있는 지식과 아이디어를 재미
있게 풀어놓으며 나눌 수 있었다.

　보드게임에서 나온 다양한 아이디어는 유목화하여 잘 정리해 본다.
정리한 사례와 다양한 해결 방법은 뒤에 이어지는 이야기 창작 활동
의 귀한 자료가 된다.

접착용 메모지 보드게임

준비물 : 접착용 메모지, 주사위, 말

1. 조사해 온 소수자에 대한 차별 사례를 접착용 메모지에 적는다.
   ('두 칸 뒤로', '한 칸 앞으로' 같은 옵션을 넣어도 좋다.)
2. 메모지를 사각형 모양으로 배치하여 책상에 붙인다.
3. 주사위를 굴려 나온 숫자만큼 자신의 말을 이동한다.
4. 해당 칸에 제시된 사례를 보고 몇 가지 기준에 해당하는 답변을 할 경우
   다음 순서에 또 주사위를 굴릴 수 있고, 답변을 하지 못하면 다음 순서가
   올 때까지 고민하여 답을 한다.
   • 유사한 사례를 말한 경우
   • 문제의 원인을 말한 경우
   • 문제의 해결 방안을 말한 경우
5. 가장 먼저 출발점으로 돌아오는 학생이 승리한다.

※ 모둠 친구들이 게임 활동 중에 낸 의견을 정리하여 적고, 모든 모둠 활동이 끝
났을 때 가장 풍부한 내용이 담긴 모둠이 최종 우승하는 방식으로 진행을 하는 것
도 좋다. 단순한 경쟁이 아니라 협력적 게임 활동으로 운영이 가능하다.

징검다리 노래 가사 만들기

뮤지컬 대본을 만들 때 가장 좋은 것은 자유로운 양식으로 학생들이 마음껏 표현할 수 있도록 하는 것이다. 그런데 뮤지컬은 어느 정도의 약속된 흐름이 있다. 물론 우리가 예상하지 못하는 흐름으로 진행되는 실험극도 있지만, 대부분의 작품들은 어느 정도 관객이 흐름을 따라갈 수 있는 안정적인 구조를 갖고 있다. 이쯤에서 인물이 등장하여 대사를 시작하며, 이 정도 타이밍이 되면 음악이 흘러나와 노래가 시작된다거나, 이 장면에서는 많은 사람들이 모여 신나는 음악에 군무를 할 것 같다는 등의 예측 가능한 레퍼토리라고도 할 수 있다.

단순히 뮤지컬의 요소를 체험해 보는 정도의 교육활동이라면 학생들이 자유롭게 구성 요소를 배치하여 표현해 보게 하는 것도 좋다. 만일 보다 짜임새 있는 뮤지컬 작품을 만들어 볼 수 있게 하는 수업이라면 대본의 구성을 어느 정도 제시해 주는 것이 좋다.

뮤지컬 넘버는 사실 어디에서나 등장할 수 있는 요소이다. 한 장면을 기준으로 했을 때 초반에 노래를 부르며 장면이 시작될 수도 있고, 대사를 하다가 중간에 노래를 부를 수도 있고, 모든 이야기가 다 진행되고 노래를 부르며 장면을 닫을 수도 있다. 노래를 부르다가 중간에 대사가 있는 경우도 많다. 이는 자연스러운 일이다.

그런데 뮤지컬 경험이 많지 않은 학생들이 이렇게 극 속에서 음악의 흐름을 본능적으로 인식하고 적절한 타이밍에 삽입하는 것은 쉬운 일이 아니다. 이러한 고민에서 시작된 뮤지컬 넘버 활동 중 하나가 '징검다리 노래 가사 만들기'이다. 이 활동은 기본적으로 대사와 대사 중간에 뮤지컬 넘버를 배치하고, 음악이 대사를 이어 주는 징검다리 역할을 하는 경우를 고려하여 고안하였다. '앞 장면 - 징검다리 노래 - 뒤 장면'의 구성으로 이루어져 있으며, 작품의 내용에 따라서 앞 장면과 뒤 장면의 성격도 구체적으로 제시한다면 학생들이 보다 쉽게 작품을 만들 수 있다. 자유롭게 표현하는 것을 기대한다면 굳이 장면의 성격까지 제시하지 않아도 된다.

이번 '달라도 친구 되어 행복한 세상 만들기' 프로젝트에서는 소수자에 대한 차별 사례가 담긴 문제 상황을 제시하고, 이 문제 상황에 대한 해결 방안을 담아 시뮬레이션해 보는 것을 목표로 하였다. 팀별로 고민한 결과를 뮤지컬에 담아 표현해 보는 것이다. 따라서 앞 대사는 '문제 상황'으로 제시하고, 뒤 대사는 '해결 후의 모습'을 제시하여 자연스럽게 뮤지컬 넘버에 학생들이 생각하는 해결 방안을 담아 보도록 유도했다.

한 가지 팁은 장면을 글로 표현하기 전에 이미지화할 수 있도록 간단한 그림으로 표현해 보게 하는 것이다. 이를 '그림 대본'이라고 이름 붙였다. 대본을 글로 쓰기 전에 그림으로 그려 보면 학생들은 좀 더 구체적으로 장면을 상상하고, 적절한 대사를 떠올려 적을 수 있다. 스스로 그린 그림은 스토리보드의 역할을 하여 자연스럽게 연출에도 적용할 수 있어서 이후 장면 구성할 때도 참고가 가능하다.

달라도 친구 되어 행복한 세상 만들기

주제 11-3) 머리 모아, 마음 모아 '징검다리' 노래 가사 쓰기

팀 이름 : (국가차별)팀

우리가 고른 노래	나는 나비
노래 부르는 인물	

문제 상황 (달라서 어려움을 겪는 일)	징검다리 노래 가사	해결 (우리가 바라는 세상)
 피부색이라 눈치를 본다. 하지만 만남 예쁘들고 아이들 이상하게 쳐다 본다. 하지만. 그래서 넘김 무시 하고 따돌린다	움을 자별이 다가와 목시답하지도 몰라 왕따차별 다가오노 다는 이제 두렵지가 않아 이제는 함께 놀며 세상을 채롭게 넓히자 같이 놀며 춤춰 우린 이름대 친구 마음 활짝열면 세상이 함께 보여요 같이 놀며 춤춰 우리 아름다운 친구 메:	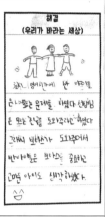 장치니 (행복시가에) 반 아이들 흔 나쁜일은 문제를 터졌다 선생님 은 모든 친구를 도와주라고 하셨다 그래서 범타송가 도와주어서 반아이들은 보마슬 중요하고 그면 아이도 생각하겠다. 음

주제 12) 뮤지컬 대본 쓰기 (성차별)팀

문제 상황 (달라서 어려움을 겪는 일)	징검다리 노래 가사	해결 (우리가 바라는 세상)
친할머니: 안녕하세요~성.. 저쪽에! 반갑습니다. 외할머니: 근데 우리 외 오셨죠? 아빠: 우리식들끼 남겨뒀어 그러서 데려어요. 짐을 정돈하고 모여서 전화를 드렸습니다 외할머니: 이거 맞다 이거 싫어 합시다요 외할머니: 노래 몰로 합시다. 친할머니: 원조리요. 여자 몇을 미우면 안돼요 왜가요? 친할: 으양~! 으양~! 엄마: 우리 싸우지 맙시다 음마 우리 멸로 해결 해봐 아빠: 그러선 ~ 우리 말로 해결합 시다. -소래- 아빠: 우리 일단 화해합시 같이 아이디어 친할머니: 해면 이 떻게! 친할아버지: 그래 미워하나 외할머니: 최송합니다	가족들 우리 싸우지를 맙시다 우리함께 해결합시다 가족 마음 상처 안생 기폭 서로 이해 하고 화해합시다 성차별 같우 나쁜말들은 아무 의미가 없죠 우리 다 합께 해결합시다 후회 없이 해결했노라 말해요	친할머니: 저러노 손녀딸이네 아빠:너희가 화해하였으니 아이디어들 나빠네: 와이,아이!! 남자.여자 별 갈이버 아빠: 왜가요! 외할머니:개 끼가 좋다 친할아버지:그거 괜찮구나 엄마그럼 화목이 성든 무엇든~. 아빠:음 끄리면 쇠사슴이라는 쇳으로 해요?! 아빠:음목: 그게 고리자꾸나 엄마:고리면 친한울이거요?! 외할아버지:맞지사...니다 친할머니: 딴한 만강시다

173

인문교육, 뮤지컬로 만나다
『어린왕자』로 만나는 우리들의 모습

이 사례는 2018년 의정부문화재단(구 의정부 예술의전당)에서 4-6학년 학생을 대상으로 진행한 '2018 의정부 음악극학교' 프로그램을 국가 수준 교육과정에 맞추어 정리한 것이다. 학교 밖에서 진행한 교육뮤지컬 수업이지만 내용과 방법은 얼마든지 교실에서 응용 가능하다.

수업 디자인하기

1단계 **자유로운 상상**

어린왕자를 통해 나에게 소중한 존재, 그리고 그 존재와의 관계에 대해 생각해 보면서 수업을 연다. 어린왕자의 이야기는 '어린왕자와 함께하는 소행성 여행'을 콘셉트로 하여 체험 형태로 준비하면 좋겠다. 어린왕자가 만나는 어른들은 다양한 사람들의 모습을 담고 있다. 소행성 여행을 통해 어른들의 부끄러운 모습들을 만나 보고, 이를 우리 삶에 적용하여 뮤지컬로 만든다.

2단계 교육뮤지컬 수업 모델 선정

① **선정 모델** : 공연 중심 뮤지컬 수업

② **이유** : 이번 뮤지컬 수업은 학생들이 체험 – 창작 – 연습의 과정을 거쳐 무대에서 제대로 된 뮤지컬 공연을 경험해 보는 것을 목표로 한다. 직접 만든 '사람 사는 이야기'를 많은 관객이 들어찬 무대에서 펼쳐 보이는 경험을 통해, 학생들은 나의 이야기를 세상에 던질 수 있다는 용기와 자신감을 얻게 될 것이다.

3단계 뮤지컬 구성 요소 선정

① **구성 요소** : 이야기, 음악, 안무, 연기, 무대

② **배정** : 이야기(30), 음악(30), 안무(20), 연기(10), 무대(10)

② **이유** : 학생들은 자신이 생각하는 사람들의 부끄러운 모습을 이야기로 만들어 내고, 이를 보다 생생하게 표현할 수 있는 음악을 선정하여 가사를 만든다. 인물의 상황과 마음을 표현할 수 있는 다양한 동선과 안무를 활용하여 관객이 몰입할 수 있는 장면을 연출할 수 있도록 뮤지컬 구성 요소를 적절히 배분하여 편성한다.

4단계 교육과정 분석과 연계

① **핵심 개념** : 책임(도덕), 문학의 수용과 생산(국어)

② **주요 성취기준 탐색 및 분석**

[6국05-04] 일상생활의 경험을 이야기나 극의 형식으로 표현한다.

[6도04-02] 올바르게 산다는 것의 의미와 중요성을 알고, 자기반성과 마음
다스리기를 통해 올바르게 살아가기 위한 능력과 실천 의지를
기른다.

→『어린왕자』속 소행성 여행에서 만난 인물 탐색을 바탕으로 인간이
살아가는 모습을 살펴보고, 생활 속에서 겪었던 경험을 바탕으로 자신
의 삶을 성찰하며, 극 속 인물들의 부끄러운 모습을 투영해 작품으로
발전시킨다.

③ **보조 성취기준**

[6국05-02] 작품 속 세계와 현실 세계를 비교하며 작품을 감상한다.

[6국05-05] 작품에 대한 이해와 감상을 바탕으로 하여 다른 사람과 적극적
으로 소통한다.

[6음01-02] 악곡에 어울리는 신체 표현을 한다.

[6음01-03] 제재곡의 노랫말을 바꾸거나 노랫말에 맞는 말붙임새로 만든다.

[6음01-05] 이야기의 장면이나 상황을 음악으로 표현한다.

[6미01-04] 이미지를 활용하여 자신의 느낌과 생각을 전달할 수 있다.

5단계 수업의 흐름과 차시별 활동 구성

단계	주요 활동	배움 활동
준비하기	몸과 마음 열기	• 연극놀이와 몸으로 자기소개하기
떠올리기	어린왕자와 함께하는 소행성 여행	• 어린왕자의 여행을 콘셉트로 이동형 극활동 체험하기
	우리의 부끄러운 모습 떠올려 즉흥극 만들기	• 다양한 주제에서 우리의 부끄러운 모습을 떠올려 즉흥극 만들어 발표하기
표현하기	이야기 만들기	• 여러 상황을 바탕으로 팀별로 이야기 만들어 공유하기
	대본 만들기	• 역할 맡아 수다 떨기 • 내용 정리하여 대본 만들기
	음악 선정 및 가사 만들기	• 장면에 어울리는 음악 선정하기 • 장면과 음악에 어울리는 가사 만들기
	대본 리딩 및 역할 선정하기	• 여러 방법으로 대본 읽으며 인물과 상황 이해하기 • 배역 오디션하기
	안무 및 동선 만들기	• 음악에 어울리는 안무와 동선 만들고 연습하기
	장면별로 연습하기	• 대사, 음악, 안무를 연결하여 연습하기
나누기	작품 발표회	• 관객을 초청하여 공연하기
	프로젝트 커튼콜	• 소감 나누기 • 나와 우리의 성장 확인하기

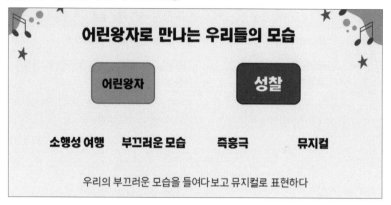

수업 주요 활동 들여다보기

어린왕자와 함께하는 소행성 여행

이 프로젝트는 어린왕자의 소행성 여행을 모티브로 하여 학생들이 인간의 부끄러운 모습을 떠올려 뮤지컬 작품으로 표현해 보는 것을 목표로 했다. 따라서 『어린왕자』를 모두 함께 읽는 것이 아니라, 『어린왕자』의 전체적인 줄거리를 살펴보고, 소행성 여행 부분만 발췌하여 짧은 극본의 형태로 재구성하였고, 학생들이 각 역할을 맡아 직접 표현해 보면서 어린왕자의 이야기를 감각적으로 느낄 수 있도록 기획했다.

소행성 여행에 등장하는 어른들인 왕, 우쭐꾼, 사업가, 지리학자 역할을 한 명씩 정하고, 역할을 맡은 학생은 각각 정해진 위치에 가서 해당 역할을 소화한다. 역할을 맡지 않은 나머지 학생들은 4개의 팀으로 나뉘어 각각의 장소를 돌면서 어른들을 만나고 돌아오는 형태의 체험극으로 구성했다.

본 체험 활동은 학교 뮤지컬 동아리 학생을 대상으로 하여 학교를 무대로 다시 시도해 보았다. 복도, 계단, 정원 등을 돌아다니며 역할에 어울리는 장소를 선정해 즉흥극을 체험하였다.

'우리의 부끄러운 모습' 떠올려 극 만들기

본격적으로 이야기 창작에 앞서 브레인스토밍을 위한 극 창작 활동을 진행했다. 우리의 부끄러운 모습을 떠올려 보는 것이다. 학생들이 좀 더 구체적으로 상상하여 표현할 수 있도록 '학교', '집', '동물', '과거' 등 4개 주제를 제시했다.

먼저 개별 활동으로 모든 주제에 대한 자신의 경험과 생각을 자유롭게 적어 보았다. 경험과 맞닿아 있는 주제이기에 학생들은 구체적이면서도 생생하게 기록하였다. 이후 발표를 하면서 친구들이 제시한 내용에 공감을 표현하기도 하고, 비슷한 경험을 나누기도 하며 이야기를 덧붙였다.

　다음으로는 위 주제 중에서 원하는 주제를 골라 4개의 팀으로 구성하였다. 담당하게 된 주제를 바탕으로 팀별 토의를 진행하여 자신의 경험을 나누면서 이야기를 구체화하는 과정을 거쳤다. 이미 전 단계에서 1차로 해당 주제에 대한 아이디어가 정리된 상황이었기에 학생들은 쉽게 의견을 제시하고 확장해 나갈 수 있었다. 여러 학생의 의견을 종합하여 팀별로 한 편의 이야기를 만들었다.

　마지막으로 팀별로 만든 이야기를 즉흥극으로 표현하는 활동을 진행했다. 이야기 만들기 활동에서 구체적인 배경, 인물, 사건 등을 정하지는 않았기에 즉석에서 설정하고 표현해 보는 것에 집중하게 했다. 학생들은 각각의 주제에서 발견한 우리의 부끄러운 모습을 다채롭게 표현하였다.

1. 학교 : 쉬는 시간에 신나게 놀다가 수업 시간이 시작되면 화장실을 가는 학생의 모습

2. 집 : 집안일에 아무것도 참여하지 않고 TV를 보며 과자를 먹는 학생의 모습(심지어 바닥에 과자를 엄청 흘린다.)

3. 동물 : TV에서 귀여운 강아지를 보고 충동적으로 분양받은 후 금방 지겨워져서 파양하는 학생의 모습

4. 과거 : 내가 원하는 방향으로 일이 해결되지 않을 때 일단 울고 보는 어린 시절 자신의 모습

대본 만들기

대본 만들기 작업은 2차에 걸쳐 진행했다. 1차 활동에서는 이야기의 흐름과 인물의 이미지화에 초점을 두었다. 자신들이 설정한 인물을 두고 임시 캐스팅하여 역할을 맡아 일정한 배경과 상황 속에서 수다를 떤다. 대본을 만들 때는 글부터 쓰는 것보다는 역할 맡아 대화하기를 진행하면 쉽게 대사를 정리할 수 있다. 이를 '즉흥극'이라고 소개할 것인지, 인물들의 '가상 대화'라고 이름 붙일지는 학생들의 성향과 학급 분위기에 따라 달라진다. 적극적인 학생이 많으면 즉흥극이라고 하는 것이 편하고, 소극적인 학생이 많으면 인물들의 가상 대화로 소개하는 것이 좋다. 이 활동을 통해 나온 대화 내용 중에서 뮤지컬의 뼈대가 되는 중요한 대사가 많이 등장할 수 있기에 가능하면 기록을 해 두는 것

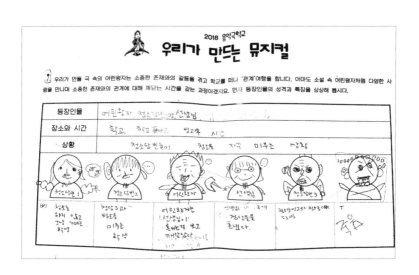

2018 음악극학교
우리가 만드는 뮤지컬

등장인물 분석과 배경설정이 끝났다면 이제 본격적으로 대본을 만들어 볼까요? 만약 실감나는 장면을 만들고 싶다면 대사 앞에 괄호( )를 놓고 그 안에 감정이나 행동을 적으면 좋아요. 이걸 지문이라고 하죠. 물론 모든 대사에 지문을 넣을 필요는 없고요.

예시) 어린왕자 : (깜짝 놀라며) 이게 정말 전부 장미꽃이라고??

(딩동댕동) 종이 울린다.

선생님 : 얘들아~ 청소하자~ (선생님은 잠깐 화장실에 감)

청당2 : 야, 내가 어제 청소했으니까 너네가 해.

청당3 : 왜? 너 오늘도 청소 잖아.

청당2 : 난 어제도 했는데?

청당3 : 그래도 오늘 청소당번 이잖아. (퍽퍽 으악~)

청당1 : 그럼 난 조용히 빠질게 .....

문을 드르륵 여는 순간! (선생님 등장)

쌤 : 야 니희들! 청소 안하고 뭐하는거니?

1, 2, 3 : 어쩌구저쩌구 .....

선생님 : 얘들아, 자기자신이 맡은 일은 책임감

있게 해야해. 알았지? 1, 2, 3! 네~

어린왕자 : 아, 나도 저 아이들처럼 장미에게

물을 주어야 하는데 자꾸 믿없구나. 오늘부터 나도

내가 맡은 일은 책임감 있게 해야겠다.

이 좋다. 스마트폰 애플리케이션 중 음성을 자막으로 실시간 변환해 주는 기능을 가진 것이 있다. '음성 자막 변환'이나 '클로바 노트' 등을 활용하면 보다 효율적으로 대사 정리 작업을 진행할 수 있다.

1차 활동에서 인물의 이미지화 또한 중요한 과정이기에 인물을 그림으로 간략히 표현해 본다. 이 과정에서 인물의 외적 특성을 구체적으로 상상해 볼 수 있고, 외적 특성을 표현하는 과정에서 자연스럽게 인물과 가까워지며, 이 인물이 과연 어떤 성격을 갖고 있는지 상상하는 활동이 좀 더 쉬워진다. 1차 활동에서는 완성된 대본을 기대하지 말고 이야기 속의 배경, 상황, 인물을 구체적으로 상상하고 표현해 보는 데 목적을 두는 것이 좋다.

2차 활동은 1차에서 나온 대본을 수정하며 다듬고, 보다 구체적으로 장면을 상상하며 서술하는 과정이다. 학생들이 보다 편하게 활동에 참여할 수 있도록 1차 대본 결과물을 타이핑하여 제공해 주는 것이 좋다. 한 가지 팁은 팀별로 '작가'를 한 명 배정하여, 그 학생이 자신들의 대본을 타이핑하여 공유토록 하는 것이다. 그러면 교사는 공유받은 내용을 정리하여 인쇄만 해 주면 된다.

2차 대본 작업에서는 학생들이 간략히 대본 리딩을 하면서 좀 더 추가하고 싶은 대사, 어색한 대사 등을 수정하게 한다. 모든 대사에 지문을 넣을 필요는 없지만, 보통 학생들이 만든 대본의 경우 지문이 거의 없는 경우가 많다. 따라서 여유가 된다면 지문도 추가하여 좀 더 생생하게 표현할 수 있는 대본으로 발전시킬 수 있도록 지도하면 좋다.

<책임 미루기>

종이 울린다.

차렷! 인사! 감사합니다! (청소당번 학생들은 도망간다.)

선생님 : 애들아, 청소하자! (이야기하고 나간다)

학생1 : 야, 내가 어제 청소 했으니까 오늘은 너네가 해.

학생2 : 왜? 너 오늘도 청소잖아.

학생1 : 난 어제도 했잖아!

학생2: 그래도 오늘도 청소당번 걸렸잖아!!!! (학생 1, 2 는 싸운다)

~~학생3 : (문을 향해 슬금슬금 걸어가며) 단 빠질게......~~ + 학생3

짜증을 낸다 (문을 여는 순간!)

문을 열자 선생님이 등장한다.

선생님 : 야 너희들! 청소 안하고 뭐하는거야!

학생1,2,3 : 어쩌구....... 저쩌구.......

선생님 : 애들아, 자기가 맡은 일은 책임감을 갖고 해야 하는 거야. 알겠지?

학생1,2,3 : 네.... (청소를 다시 한다.)

~~어린왕자~~ : 아, 나도 저 아이들처럼 장미에게 물을 주어야 하는데 자꾸 미루었던 컷이 생각나네. 오늘부터 나도 내가 맡은 일은 책임감 있게 해야지. ~~→~~ ✕

(어린 왕자 등장) 도록,,,

학생2: 어? 여기 왜 왔어?

어린왕자: 아~ 내가 숙제공책을 놓고 가서 다시왔어.

학생3: 그러면 온 김에 청소좀 하고, 가. (물 뿌리개를 건네라)

어린왕자: 어. 알았어... ~~장미가 물을 준다~~ 아 목말라. 너, 물좀 있나?

3: 좀 줘봐. 그러자 어린왕자님이 어깨춤에 물병을 준다. 장미가 떠오른다. 그러자 장미의 목소리가 들린다

장미: 목말라. 으아~ 목말라.
예전처럼 너와 물을 마시고 싶어

음악 선정 및 가사 만들기

이 프로젝트의 뮤지컬 작품을 만들 때는 학생들이 원하는 음악을 활용하면서도 어느 정도 음악의 통일성이 있었으면 좋겠다고 생각했다. 보통 학생들이 원하는 음악으로 진행하는 경우 각기 다른 가수, 애니메이션, 뮤지컬, 드라마 등에서 음악을 찾아오기 때문에 뮤지컬 넘버의 통일성을 갖춘 작품을 구성하는 것이 쉽지 않다. 그래서 이번에는 아예 영화나 애니메이션 한 작품을 선정하고, 그 속에 등장하는 음악 중에서 우리가 만든 장면에 어울릴 만한 음악을 고르는 방향으로 진행했다.

대상 작품을 선정하기 위하여 학생들에게 최근에 감상한 영화나 애니메이션을 물어보았다. 공통적으로 언급한 작품 중 뮤지컬 영화 〈위대한 쇼맨〉이 있었다. 이 작품의 음악은 대부분 드라마틱하고 다양한 분위기를 품고 있다. 그래서 이 작품의 음악을 함께 감상하며 우선 마음에 드는 음악을 골라냈다. 장면에 어울리는 음악을 고르는 것만큼 중요한 것이 애정이 가는 음악을 찾아내는 것이다. 그래야 학생들이 즐겨 부르고 쉽게 익힐 수 있다.

듣기 좋은 음악이라고 해서 모두 작품에 끌어올 수 있는 것은 아니다. 곡의 분위기와 난이도를 살필 필요가 있다. 아무리 음악이 좋아도 학생들의 흥미를 끌지 못하거나 난이도가 터무니없이 높다면 연습 과정에서 큰 어려움을 겪게 된다. 또 뮤지컬 작품은 결국 흐름이 존재하기에 비슷한 곡으로만 편성하면 지나치게 단조로워질 수 있다.

예를 들어, 3곡으로 작품을 구성할 경우 솔로 혹은 듀엣으로 부를 만한 부드러운 음악 한 곡, 안무를 하며 부르기 좋은 에너지가 있는 음악 한 곡, 단체로 부르기 좋은 음악 한 곡으로 구성하는 것이 적당하다. 영화 속 많은 음악 중에서 「A Millions Dreams」, 「The Other Side」, 「This is Me」를 선택하였다.

「A Millions Dreams」는 전반적으로 아름다운 선율을 지닌 부드러운 느낌의 듀엣곡이다. 「The Other Side」도 듀엣곡이지만 이전 곡과는 달리 강한 비트가 깔려 있고 안무가 어울리는 음악이다. 「This is Me」는 굉장한 에너지를 품고 있는 음악으로 단체로 부르기에 좋은 음악이다. 이렇게 다양한 분위기를 품고 있는 음악을 선정하여 작품 속에서 다채롭게 풀어 나갈 수 있도록 배치하였다.

곡을 선정했으면 어울리는 장면을 선정하고 가사를 만드는 활동으로 이어진다. 1차로 팀별 회의를 통해 각자 팀이 맡은 장면에 어울리는 음악을 선정하고, 이후 전체 토의를 통해서 팀별 회의 결과를 나누고 상호 피드백을 통해 최종적으로 장면에 들어갈 음악을 선정하는 과정으로 진행했다. 뮤지컬 넘버는 장면의 분위기를 조성하며 연출과도 직접적인 관련이 있기에 원곡의 가사, 멜로디 등을 포함하여 종합적으로 고려할 필요가 있다.

2018 음악극학교
우리가 만드는 뮤지컬

🎭 노래가사로 표현하는 그들의 이야기

This is me (이게 나야)	
어둠이 익숙해진 나	비교가 익숙 해진나
부족한 나를	꿈 꾸는 나를
사람들이 원하지 않아	부모님이 원하지않아
난 숨기고 싶어 내 상처들	난 드러내고 싶어 내꿈을
모두가 말해	//
너는 사랑받지 못해	넌 꿈을 이루지 못해
하지만 무너지지 않아	하지만 포기하지않아
우릴 위한 세상이 있어	나를 위한 세상이 있어
빛나는 너와 나	빛 나는 나의꿈
나를 삼키려는 나쁜 말들을	나를 평가하는 시험성적을
가만히 바라보고 있지 않을래	//
이제는 더 이상 숨어있지 않겠어 This is me	이제는 더이상 흔들리지않겠어 This is me
잘 봐 내 모습을	//
나만의 박자를 따라 걸어갈거야	나만의 길을 따라 걸어 갈거야
두렵지 않아 나	//
아무 신경쓰지마 This is me	이제 나를 찾겠어 Thisisme

5장

교육뮤지컬 온라인에서 통하다

온라인에서
뮤지컬 수업을 할 수 있을까

교육 환경의 변화

우리가 당연하게 생각하던 모든 것이 변해 버렸다. 날씨가 나쁘거나 몸이 아플 때 사용하던 마스크는 생활필수품이 되었고, 어느 곳이든 들어갈 때는 체온을 재고 명부를 작성해야 한다. 사람들과의 만남은 이제 모니터를 마주하는 것으로 만족해야 한다. 모두 코로나19 때문이다. 우리 사회의 기본이었던 사람과 사람의 만남은 피해야 하는 일이 되었고, '사회적 거리두기'라는 너무나도 낯설었던 용어는 우리 생활 깊숙이 자리 잡았다.

'19세기 교실에서 20세기 교사가 21세기 아이들을 가르친다.'는 이야기가 있다. 개인적으로 동의하는 말은 아니지만, 그만큼 학교라는 공간이 세상의 변화 속도에 비하여 천천히 변화한다는 것을 보여 주는 문장이다. 이렇듯 '느린 변화'의 상징이 되기도 했던 학교가 불과 일 년여 사이에 완전히 변화했다.

매우 많은 것이 변했지만, 학교에 생긴 가장 큰 변화는 바로 교실에서 학생들이 사라졌다는 것이다. 학교의 대표 공간인 '물리적'인 교실에 학생들이 찾아오지 못하는 상황이 벌어졌다. 온라인 개학, 주 3일 등교, 주 1일 등교, 전면 등교 중지……. 그 누가 상상이나 했던 상황인가? 나의 일상은 매일 아침 학생들을 맞고, 아침 활동을 하며 하루를 시작했다. 학생들과 눈을 마주치며 이야기를 주고받고, 때로는 학생들 사이에서 갈등이 일어나면 상담을 하며 보냈던 학급살이가 이제 더없이 귀한 일이 되었다. 역설적으로 힘들게 만나는 아이들과 교실에서 보내는 하루하루의 소중함을 깨닫는 기회가 되기도 했다.

학교의 변화는 '온라인 교실'이라는 또 하나의 학급살이 공간을 만들어 냈다. 이 공간에서 교사는 학생들과 소통하고, 수업하고, 놀이하고, 다양한 활동도 하면서 적응해 갔다. 잠깐이면 될 줄 알았던 온라인 수업 시간이 늘어나면서 기존에 해 오던 교육활동을 학생들과 그대로 진행하는 것이 어려워졌다. 그리고 늘 해 오던 고민이었지만, 이제는 조금 더 특별히 느껴지는 고민이 고개를 들었다.

'이 시대에 아이들에게 필요한 것은 무엇일까?'

아이들에게 가장 필요한 것

6학년 학생이 직접 만든 그림책 『꿈』이다. 처음으로 맞닥뜨린 온라인 수업으로 인해 변화된 학교생활에 적응해 가며 최선을 다하여 생활하는 자신의 모습을 묘사하였다.

'너무 집에만 있어서 그런지 그렇게 가기 싫던 학교가 가고 싶었다.'

명이나물(필명) 학생의 그림책 『꿈』 중에서

휴일을 앞둔 날이면 들뜬 마음을 감추지 못하고 격하게 표출하던 아이들의 모습이 떠오른다. 한때는 방학을 손꼽아 기다리고, 내일이 개학이라는 사실에 절규하던 때도 있었다. 그런데 이제 그런 모습마저 추억이 되고 말았다. 오히려 요즘에는 학교 오기 전날 친구들을 만날 생각에 기대감에 부푼 기이한 풍경이 벌어진다. 스마트폰이라는 매력적이고 강력한 친구가 있지만, 액정 너머의 세상이 마주 보는 친구의 눈 속 세상만큼 흥미롭지는 못하기 때문이다.

그래서 아이들에게 필요한 것은 '소통'이라고 느꼈다. 친구가 보고 싶고, 친구와 이야기를 나누고 싶고, 이전에 소중한지 몰랐던 교실 생활마저도 그리워하니. 소통이 아이들에게 가장 필요한 것은 맞지만, 소통 이전에 더욱 중요한 것이 있다. 바로 자기 자신을 이해하는 것이다. 자신을 명확히 이해하는 학생은 환경이 바뀌어도 쉽게 흔들리지 않고, 단단하게 자신의 중심을 유지할 수 있다.

자신을 이해하기 위해서는 내면을 다지는 과정이 필요하다. 내면을 다진다는 것은 자기 자신을 평소보다는 조금 더 자세히 들여다보고, 자신의 심정이나 생각을 나만의 감각과 감성으로 세상에 드러내는 일이다. 예술 활동은 내가 보고, 느끼고, 생각하는 것을 나의 감각과 감성으로 세상에 드러내는 데 도움이 된다. 또한 자연스럽게 다른 사람과의 소통을 이끈다. 나의 내면을 다지며 다른 사람과 소통할 수 있는 예술 활동이자 좋은 교육활동 중 하나가 바로 '시 쓰기'이다.

삶의 노래

나는 어릴 때
아주 부지런했다
빠른 반주와 어울리게

나는 지금
아주 게으르다
느린 반주와 어울리게

빠르다가 느려지는 노래
내 삶의 노래다

한 학생의 아침 시 「삶의 노래」

　짧은 시 속에서 학생은 자신의 삶을 되돌아보며, 이를 음악으로 승화하고 있다. 이 학생은 자신의 시를 선생님과 친구들에게 나누어 주었고, 우리는 이 시를 통해 '시인'의 삶을 이해하고, 우리의 삶도 되돌아본다. 소통이 단절된 혼란한 세상에서 어떻게 하면 아이들에게 조금은 더 풍요롭고 아름다운 삶의 노래를 부를 수 있도록 도와줄 수 있을까. 온라인에서의 교육뮤지컬 활동이 하나의 방법이 될 수 있을 것이라고 생각했다.

간단한 알고리즘, 그리고 도전

온라인에서 교육뮤지컬 활동을 하는 것은 복잡하고 어려운 고민의 절차를 거칠 것 같았지만, 사실 이전에 교육뮤지컬 활동을 준비할 때가 더 고민되던 부분이 많았다. 교육뮤지컬 준비 과정을 하나의 알고리즘으로 본다면 복잡한 구조로 이루어져 있다. 지금 생각해 보면 참으로 행복한 고민이었다. 그런데 온라인에서의 교육뮤지컬 활동을 하려고 알고리즘을 그려 보니 생각보다 굉장히 간단했다.

'할 것인가, 말 것인가.'

오히려 준비를 시작하기 전에 막막했던 것들이 'YES'를 선택하자 쉽게 풀려 갔다. 이 알고리즘은 아마 '온라인에서 교육뮤지컬을 할 것

〈온라인 교육뮤지컬 활동 준비〉 알고리즘

인가?'뿐만 아니라 '교육뮤지컬을 할 것인가?'에 대한 고민에도 똑같이 적용될 것이다. 물론 'YES'를 선택하길 추천한다. 버튼을 누르는 것은 여러분의 몫이다.

온라인 뮤지컬 활동을 위한 4가지 고민

교육 현장에서의 뮤지컬에 대하여 많은 사람들이 흔히 갖고 있는 편견을 이야기했다. 화려하고, 과정이 어려우며, 교사와 학생들에게 예술적인 능력과 감성이 있어야 하고, 무조건 무대에 서야 한다는 것 등이다. 교육뮤지컬의 '플랫폼'적인 성격을 소개하며, 그 편견이 잘못되었다는 것을 이야기했다. 그런데 오해를 해소하는 것과 별개로 온라인으로 교육뮤지컬 활동 장소를 옮겨 가는 것에서 어려움을 겪는다.

'어떻게 온라인에서 기존에 하던 대로 활동할 수 있을까?'

이 질문에서 하나만 빼면 답을 내는 것이 조금 쉬워진다. '기존에 하던 대로' 부분만 살짝 가리면 훨씬 많은 아이디어가 나온다. 과거의 방식에 얽매이지 않고, 지금 이 순간에 집중하여 온라인에서 어떻게 교육뮤지컬 활동을 할 수 있을지에 대한 고민에 집중하는 것이다.

온라인 뮤지컬 수업을 준비하는 과정에서 4가지 고민이 있었는데, 이 장은 그 4가지의 고민과 그에 대한 도전의 과정을 담고 있다. 완벽한 답이 될 수는 없지만, 약간의 힌트는 되어 줄 것이다.

온라인에서 진행 가능한 활동은 무엇이 있을까

답은 생각보다 간단하다. 모든 활동이 온라인에서 가능하다. 단, '기존에 하던 대로'의 틀에서 벗어나야 한다. 물리적인 교실이 아닌 온라인 교실에서만 수업이 이루어진다는 가정하에 일반적인 교육뮤지컬 과정에 등장하는 모든 활동을 온라인수업에서 구현할 수 있다. 심지어 공연도 가능하다. 줌을 활용한 '줌ZOOM뮤지컬'이 대표적인 사례다. 그런데 백퍼센트 온라인수업이 이루어지는 경우보다는, 온라인과 오프라인이 혼합되어 진행되는 경우가 더 많다. 따라서 수업 환경을 고려하여 '가능성'보다는 '효율성'에 집중하는 것이 중요하다.

만일 모든 활동을 온라인으로 진행하기로 했다면 오히려 고민할 것이 없다. 전부 온라인에서 진행하면 된다. 그런데 온라인과 오프라인을 병행할 수 있는 상황이라면 온·오프라인 활동 분배가 필요하다.

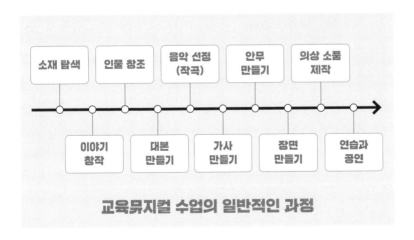

교육뮤지컬 수업의 일반적인 과정

학생들과 실행해 본 결과 '온라인에서도 충분히 가능한 활동'과 '오프라인에서 훨씬 효율적인 활동'으로 정리할 수 있었다.

1. 온라인에서도 충분히 가능한 활동
소재 탐색, 이야기 창작, 인물 창조, 대본 만들기, 대본 리딩, 음악 선정, 가사 만들기, 의상과 소품 제작

2. 오프라인에서 훨씬 효율적인 활동
안무 만들기, 합창 연습, 장면 만들기, 연습과 공연

직접 몸을 쓰거나 호흡을 주고받는 안무나 장면 만들기, 합창 연습, 공연은 오프라인에서 하는 것이 좋겠지만, 이를 제외한 대부분의 창작 과정은 온라인에서도 충분히 만족할 만한 결과를 얻을 수 있다.

어떤 도구를 활용해서 뮤지컬 활동을 할 수 있을까

교사에게 정말 많은 고민을 안긴 질문이다. 교실에서는 공책과 필기도구만 가지고도 아이들과 소통하며 뮤지컬 수업 활동을 이끌어 갈 수 있었지만, 온라인수업에서는 이것만으로는 아이들의 자유로운 표현과 창작을 이끌어 내는 것이 쉽지 않다.

비대면 수업 상황을 미리 알고 있었던 것처럼 온라인 뮤지컬 활동을 도와줄 천군만마 같은 온라인수업 도구가 있다. 이미 교실에서 아이들과 활용하고 있는 다양한 수업 도구가 온라인 뮤지컬 활동에도 큰 도움이 될 것이다.

따라서 새로운 도구를 찾기보다는 아이들과 사용해 왔던 도구를 '어떻게 활용할 것인가'에 초점을 두고 고민하는 것이 좋다. 실시간 소통을 위한 '줌ZOOM', 사고의 확장과 입체적인 활동을 하도록 도와주는 '패들렛Padlet', 실시간 협업을 위한 '구글 독스Google Docs', 그리고 학생의 흥미를 이끌어 낼 수 있는 'Chrome Music Lab'과 'Jamboard', 마법의 작곡 어플 'Hum ON' 등을 활용하면 안정적인 뮤지컬 수업 활동을 이끌어 갈 수 있을 것이다.

온라인 활동의 장점을 어떻게 살릴 수 있을까

얄미운 질문일 수도 있겠다는 생각이 든다. "오프라인 수업이 좋지, 온라인에서 장점을 왜 찾아? 배부른 소리 하네." 하고 말이다. 맞는 말이다. 그런데 온라인수업은 현실이 되었다. 코로나19가 찾아온 지 2년째에 접어들었지만 온라인수업은 계속되고 있다. 어쩌면 자연스러운 수업 방식 중 하나가 될지도 모를 일이다. 그러므로 이제는 오프라인 대면 수업에 비해 온라인에서 취할 수 있는 장점을 분석하고, 이를 발전시킬 필요가 있다.

학교에서 거의 말을 하지 않는 학생이 있었다. '날짜로 번호 뽑기'에 걸려 발표를 해야 하는 경우가 아니면 자발적으로 손을 들고 발표하는 일도 없었고, 친구들과 떠들다가 걸리는 일도 없는 조용한 학생이다. 이 학생에 대해서 '내가 몰라도 한참을 몰랐구나.' 하고 반성하게 된 수업 활동이 있다.

간단한 1인 손극 영상 만들기 활동이다. 1인 손극이란 '손'만을 활용해서 인물의 감정과 상황을 표현해 내야 하는 극적 활동이다. 어떻게 보면 부담 없이 할 수 있지만, 또 어떻게 보면 참 어려운 활동이다.

먼저 손으로 가상의 인물을 창조하고, 그 인물이 처한 배경을 설정한 뒤에 생명력을 불어넣어 그 배경 속에서 인물이 어떻게 말하고 행동할지 상상하여 극으로 만들어 보게 하였다. 온라인으로만 진행하였고, 활동의 결과물은 영상으로 촬영해 제출하게 했다. 그런데 평소 교실에서는 조용하던 그 학생이 전혀 예상하지 못한 작품을 만들어 제출하였다. 〈오른손의 출근〉이란 작품이다. 한 직장인이 지각을 해서 급히 출근하는 이야기를 담고 있다.

짧은 호흡을 가진 영상이고, 대사는 모두 자막으로 처리하였지만 순간순간 변화하는 인물의 마음과 주변 상황이 충분히 전달된다. 신기하게도 자막으로 처리된 인물의 대사가 귓가에 들리는 것 같기도 하다. 만약 교실 수업 시간에 이 활동을 진행했다면, 친구들 앞에서 손극을 하는 것이었다면 이 학생의 〈오른손의 출근〉은 탄생하지 못했을지도

1인 손극 〈오른손의 출근〉

모른다. 자신의 공간에서 자유롭고도 편안하게 준비하고 표현할 수 있었기에 가능한 것은 아니었을까?

물론 온라인으로 활동을 진행하면 오프라인보다 참여율이 떨어지는 안타까운 일이 발생하기도 하지만, 이번 사례처럼 조금은 더 자유롭고 편안하게 자신을 표현할 수 있는 기회가 되기도 한다.

어떻게 소통을 끌어낼 것이며, 집중하게 할 수 있을까

교실 수업에서는 침묵의 시간이 생각보다 많지 않다. 아이들은 끊임없이 주변 친구들과 이야기하기 때문이다. 부정적으로 바라보면 떠드는 것이고, 긍정적으로 바라보면 소통하는 것이다.

처음 아이들과 온라인에서 만났을 때 느꼈던 어려움은 '적막감'이었다. 그나마 줌에서는 아이들의 목소리라도 들을 수 있지만, 그 전에는 아이들의 댓글과 과제 제출이 유일한 소통 방법이었다. 본격적으로 줌 수업이 시작되면서 새로 겪게 된 어려움은 '음소거'와 '비디오 끄기'였다. 온라인에서 자신을 드러내는 것이 어색했는지 비디오를 끄고, 음소거를 하는 학생들로 인해 마치 빈 벽을 보고 이야기하는 기분이 들었던 기억이 난다. 질문을 던졌는데 아무런 대답이 없는 아이들의 모습에 당혹스러움도 많이 느꼈다. 이제는 줌 수업에 완전히 적응해서 학생들도 비디오와 오디오를 잘 켜고 있으니 얼마나 다행인가.

똑같은 상황이 대면 수업 상황에서 벌어졌다면 눈치를 보고 손을 들어 주거나, 흥얼거리듯 혼자 이야기하는 학생들의 대답을 받아 "그렇죠." 하고 이야기를 이어 갈 수 있었을 것이다. 하지만 줌에서는 크게 눈치 볼 일이 없고, 은근슬쩍 비디오를 끌 수도 있다.

반대로 교사 입장에서는 전체 음소거 버튼 하나면 모든 아이들이 조용해진다. 어찌 보면 그만큼 소통이 쉽지는 않다는 것이다. 특히 서로 호흡을 주고받는 것이 중요한 교육뮤지컬과 교육연극 등의 활동에서 소통의 단절은 정말 큰 어려움으로 다가온다.

어떻게 하면 아이들과 더 적극적으로 소통할 수 있을까? 어떻게 하면 아이들이 서로 더욱 많은 이야기를 나누도록 유도할 수 있을까? 어렵게 만들어 놓은 이 좋은 수업 분위기, 어떻게 집중도를 유지할 수 있을까?

정말 많은 고민을 했다. 해답은 역설적으로 오프라인 수업에서 찾을 수 있었다. 바로 학생의 삶과 근접해 있으며, 관심을 갖고 쉽게 참여할 수 있는 소재를 활용하는 것이다. 학생들이 온라인 뮤지컬 활동의 문턱을 쉽게 넘을 수 있도록, 그들의 삶과 맞닿아 있는 친근한 소재를 활용하는 것이 좋다. 삶 가까이에서 멀리 나가는 순서로 진행하는 것이 좋다. 여기에 익숙해졌다면 점차 학생들과 나누고 싶은 이야기를 제시해 보는 것이다. 무작정 어려운 소재를 던져 뮤지컬 활동을 진행하는 것에 비하여 학생들의 참여도나 흥미가 높아질 것이다.

'온'라인에서 '통'하는 교육뮤지컬을 위하여

온라인수업을 한 이후로 아이들과 어떤 활동을 진행할 때 활동의 이름 앞에 많이 붙인 단어가 있다. 바로 '온통'이다. '전부'라는 뜻을 갖고 있다. 그런데 '온라인에서 통하다'라는 의미 또한 포함하는 따뜻한 말이다. '통하다'라는 것이 참으로 쉽지 않은 요즘이다. 친구들의 온기도, 눈빛도, 향기도 느낄 수 없는 상태로 학급살이를 하고 있다. 그래도 우리는 통해야 한다. 그래야 성장할 수 있다.

온라인에서 어떻게 통할 수 있을까? 그리고 어떻게 온라인에서 통하는 교육뮤지컬 활동을 디자인할 수 있을까? 앞서 제안한 4가지의 고민을 바탕으로 다양한 프로젝트를 진행해 보았다.

- 온라인에서 진행 가능한 활동은 무엇이 있을까?
- 어떤 도구를 활용해서 뮤지컬 활동을 할 수 있을까?
- 온라인 활동의 장점을 어떻게 살릴 수 있을까?
- 어떻게 소통을 끌어낼 것이며, 집중하게 할 수 있을까?

위 고민에서 시작한 온라인 교육뮤지컬에 대한 고민은 '온라인에서의 살아 있는 소통'으로 이어졌고, '온'라인에서 '통'하는 교육뮤지컬 프로그램의 탄생을 이끌었다. 온라인과 오프라인을 넘나들며 진행되는 다양한 교육뮤지컬 활동은 학생들이 자신의 내면을 다지고 친구들과 소통할 수 있는 하나의 창구가 되었다.

가능성과 동시에 한계점도 명확히 보았다. 그러나 한계점보다는 가능성에 집중하고 아이들을 믿으며 한 단계씩 밟아 갔다. 상황이 어려워지면 '간단한 알고리즘'을 한번 떠올려 보라. 그러면 현재 고민하고 있는 그 문제의 다음 단계로 넘어갈 수 있을 것이다.

할 것이냐, 말 것이냐.

통할 것이냐, 통하지 못할 것이냐.

온라인 교육뮤지컬 수업 디자인하기

뮤지컬 수업 활동을 위한 온라인 도구

원격수업이 시작되면서 온라인수업을 위한 다양한 도구가 쏟아져 나왔다. 여기서 온라인수업 도구는 e학습터, 클래스팅, 밴드 등의 플랫폼부터 줌ZOOM, 구글미트Google Meet, 마이크로소프트 팀즈Microsoft Teams 등의 실시간 화상 프로그램, 패들렛Padlet, 구글 독스Google Docs 같은 협업·공유 프로그램 등 웹과 스마트폰 기반의 다양한 수업 도구를 포괄적으로 의미한다.

그렇다면 뮤지컬 수업을 온라인에서 진행하려면 어떤 도구가 필요할까? 융합적 성격을 띠는 뮤지컬을 온라인에서 풀어 가기 위해서는 그만큼 복잡하고 다양한 도구가 필요하지 않을까?

온라인 뮤지컬 수업을 위해 필요한 도구는 생각보다 단순하다. 실시간 화상 프로그램과 협업·공유 프로그램 2가지면 충분히 가능하다. 물론 몇 가지 곁들임 도구도 있으면 더 좋겠지만, 기본적으로 3가지 도구를 활용하면 학생들과 뮤지컬 수업을 진행할 수 있다.

학생들과의 온라인 뮤지컬 수업을 위하여 줌, 패들렛, 구글 독스를 활용하였고, 곁들임 도구로는 키네마스터Kinemaster나 블로VLLO 같은 영상 편집 애플리케이션, 인공지능을 활용한 자동 자막 프로그램 브루 Vrew, 허밍으로 작곡이 가능한 인공지능 작곡 애플리케이션 험온Hum On 등을 사용했다. 곁들임 도구는 말 그대로 있으면 좋은 것일뿐 필수는 아니다.

기본적으로 줌, 패들렛, 구글 독스 정도는 활용하는 것이 좋지만, 하나의 예시일 뿐 기능이 비슷한 다른 도구를 활용해도 같은 효과를 볼 수 있다. 줌은 위에서 언급한 다양한 실시간 화상 프로그램으로 대체 가능하며, 학급이나 동아리에서 학생들과 가장 익숙한 프로그램을 사용하면 된다. 패들렛은 띵커벨 보드, 뮤랄MURAL 등으로 대체 가능하다. 실시간 협업을 통해 문서를 작성 가능한 구글 독스는 알로Allo, 노션Notion으로 대체하여 사용할 수 있다.

도구는 감성이다. 기능은 크게 다르지 않으니 여러 도구를 살펴보고 마음에 와닿는 것을 선택하여 사용하면 된다. 그럼 대표적인 3가지 도구가 뮤지컬 수업에서 어떻게 활용되는지 살펴보자.

실시간 소통
창작 / 표현 활동
연습

수렴과 확장
입체적 활동
자료의 축적

협업
공동 창작
실질적 결과물

주요 도구 소개

줌 Zoom

줌은 학생들과의 실시간 소통을 위한 목적이 가장 크다. 비대면 상황에서 얼굴을 볼 수 있고 목소리를 들을 수 있다는 점은 정말 큰 축복이다. 줌과 같은 실시간 화상 프로그램은 전체적인 프로그램을 진행하고 예술적인 표현과 창작 활동을 할 때 큰 역할을 한다. 시작, 과정, 마무리를 모두 담아 주는 커다란 그릇으로 보면 된다.

패들렛 Padlet

패들렛의 장점은 확장과 수렴이 모두 가능하다는 점이다. 자신의 생각을 자유롭게 표현하고, 이를 유목화할 수 있어서 좋다. 때로는 미리 분류 기준을 제시하고 그에 맞는 생각을 끌어낼 수도 있다. 또한 입체적인 활동이 가능하다. 예를 들어, 인물 창조 활동을 진행할 때 패들렛에서 '캔버스' 서식을 활용하여 다양한 인물의 특성을 정리하는 활동이 가능하다.

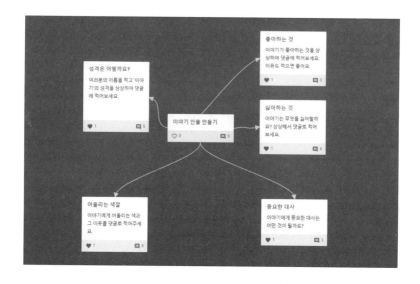

패들렛의 가장 강력한 장점 중 하나는 뮤지컬 활동의 과정을 손쉽게 아카이빙할 수 있다는 것이다. 요즘 구글 드라이브Google Drive, 원드라이브One Drive, 네이버 마이박스와 같은 클라우드 서비스를 사용하는 것은 흔한 일이다. 그런데 막상 클라우드를 활용한 자료 공유 시스템을 구축하고 실행하려다 보면 어려움을 겪는 학생들이 많다. 그런데 패들렛으로 클라우드 서비스와 같이 자료를 아카이빙할 수 있다. 특히 이야기, 대본, 음악, 안무, 무대, 소품, 의상, 홍보 자료 등 다양한 활동 결과가 나오는 뮤지컬의 특성상 일목요연하게 자료를 정리하는 것이 필요한데, '선반' 서식을 활용하면 손쉽게 해결된다.

구글 독스Google Docs

구글 독스는 '구글 문서 도구'라고도 불리는데, 구글에서 제공하는 웹 기반 협업 도구이다. 워드 프로세서, 스프레드시트, 프레젠테이션, 그림 등 다양한 작업 프로그램이 담긴 하나의 종합선물세트라고 보면 된다. 뮤지컬 수업에서는 주로 워드 프로세서 형태의 구글 문서 도구를 활용하여 이야기를 정리하거나 대본을 작성한다. 이 프로그램의 강점은 '실시간 협업'이다. 줌을 통해서 서로 이야기 나누는 내용을 구글 독스를 통해 모두가 같은 링크에 들어가서 실시간으로 같이 문서를 작성할 수 있다. 스마트폰으로도 사용이 가능한데, 각각의 애플리케이션을 설치하여 사용한다. 학생들이 PC나 태블릿 PC를 사용할 수 있는 상황이라면 스마트폰보다는 좀 더 큰 화면을 가진 다른 장비를 사용하는 것이 편리하다.

온라인 뮤지컬 수업 디자인

온라인 뮤지컬 수업 디자인은 기본적으로 「3장 교육뮤지컬 수업 디자인하기」의 과정을 따른다. 다만 몇 가지 단계에서 차이를 보인다.

Step 5의 '수업의 흐름 및 차시별 활동 구성'을 두 단계로 나누어 진행한다. Step 5 '온오프라인 활동 분배'와 Step 6 '온라인 활동 구체화'이다. 나머지 과정인 자유로운 상상, 교육뮤지컬 수업 모델 선정, 교육뮤지컬 구성 요소 선정, 교육과정 분석과 연계, 자료 탐색과 수업 브랜딩은 그대로 진행하면 된다. 이번 장에서는 새로 등장한 2개의 과정을 중심으로 정리해 보자.

Step 5 온오프라인 활동 분배

이 과정에는 수업의 흐름 구성 및 차시별 활동 구성이 포함되어 있다. 따라서 오프라인 뮤지컬 수업을 만들 때와 마찬가지로 수업의 전체적인 흐름과 세부적인 차시별 활동 구성을 마친 후에 추가적으로 진행하는 작업으로 보면 된다. 만약 모든 수업을 온라인으로 진행해야 하는 경우라면 이번 과정은 건너뛰어도 된다.

온오프라인을 병행하는 경우 한 가지 고민이 생긴다. '어떤 수업을 온라인으로 진행하고, 어떤 수업을 오프라인에서 진행하지?' 전부 온라인이나 오프라인으로 수업하는 경우와는 달리 효율성을 고려하여 온오프라인에서의 활동을 분배할 필요가 있다.

이 갈림길에서 세운 온오프라인 활동 분배의 첫 번째 기준은 '움직임이 얼마나 있는가?'이다. 신체적으로 움직임이 필요한 활동을 오프라인으로 배치하는 것이 좋다. 안무와 동선을 만들고 연습하는 것, 몸을 움직이며 연습하는 블로킹 연습 등 움직임이 포함된 활동은 오프라인에서 진행하는 것이 훨씬 효과적이다.

두 번째 기준은 '함께 노래하는가?'이다. 줌에서 노래를 부르면 어쩔 수 없이 서로 속도 차이가 난다. 그래도 솔로랑 듀엣 정도까지는 줌을 통해서 어느 정도 연습이 가능했다. 3명이 넘어가면 혼란이 시작된다. 물론 여러 방법을 강구해 보았다. 모두 음소거를 한 상태로 MR 반주에 노래하는 방법, 학교에서 녹음한 AR 파일을 틀어 놓고 음소거 한 상태로 노래를 부르는 방법, 교사가 MR 반주에 노래를 부르고 학생들은 음소거 상태로 부르는 방법, 모두가 마이크 소리를 줄이고 부르는 방법 등이 있다. 그래도 함께 모여 서로의 목소리를 들으며 내 소리를 조절하는 것만큼 효과적이지 못하다. 그래서 온오프라인 수업 활동 분배 시에 이를 고려하는 것이 좋다.

Step 6 온라인 활동 구체화

이번 과정은 이전 단계에서 분배한 활동 중 '온라인'에 해당하는 활동을 어떤 도구를 활용하여, 어떤 방식으로 풀어 갈 것인지 고민하는 단계이다. 대부분의 창작과 표현 활동이 온라인에서 이루어질 수 있다. 주제와 소재 토의, 이야기 창작, 인물 창조, 대본 만들기, 음악 선정, 가사 만들기, 의상과 소품 디자인, 무대 구성, 홍보 영상 및 포스터 제작 등이 포함된다. 여기에 더하여 대본 리딩 활동도 가능하다.

일단 온라인으로 진행은 가능한데, 문제는 '어떻게 할 것인가?'이다. 이 고민을 해결하는 것이 이번 과정의 목적이다. 줌, 패들렛, 구글 독스를 중심으로 온라인에서 어떻게 활동을 이끌어 갈 수 있는지 살펴보도록 하자. 우선 줌은 과정에서 사용하는 것으로 보고 따로 언급하지 않을 것이며, 구글 독스의 다양한 프로그램 중에서 워드프로세서 유형을 사용하는 것으로 가정하였다.

활동 도구	패들렛	구글 독스
주제와 소재 토의	O	
이야기 창작	O	
인물 창조	O	
대본 만들기		O
음악 선정	O	
가사 만들기		O
의상과 소품 디자인	O	
무대 구성		O
홍보 영상 및 포스터	O	

각 활동을 어떤 도구를 활용하여 진행할지 결정했으면, 이제 해당 도구 내에서 어떤 기능을 활용하여 활동을 진행하도록 판을 구성할 것인지 구상한다. 패들렛의 경우 서식을 선택하는 것에서부터 시작이다.

패들렛에는 현재 8개의 서식이 제공되고 있다. 이 중 담벼락, 캔버스, 셀프, 백채널을 활용해서 다양한 뮤지컬 수업 활동을 진행할 수 있다.

담벼락은 다양한 의견을 수렴하기에 좋다. 초반 주제와 소재 토의에서 유용하게 쓰인다. 캔버스는 자료를 수집하고, 여러 방면으로 아이디어를 확장할 때 좋다. 이야기 창작, 인물 창조에서 활용하기에 적당하다. 셀프는 항목별로 정리하기 좋은 서식이기에 수업 흐름에 따라학생의 활동을 유도하거나 활동의 결과물을 아카이빙하는 데 사용한다. 백채널은 마치 채팅방처럼 활용할 수 있어서 대본 만들기의 기초작업으로 가상 대화 나누기 같은 활동에 활용이 가능하다.

패들렛이 학생들의 표현과 창작 활동을 체계적으로 정리할 수 있도록 돕는 역할이라면, 구글 독스의 역할은 편안하게 협업을 진행할 수 있도록 돕는 것이다. 가장 필요한 활동은 대본 만들기와 가사 만들기이다. 학생들은 줌에서 함께 화면을 보며 구글 독스에서 공동 작업을 진행한다. 때로는 몇 개의 팀으로 나누어 소회의실에서 각자 맡은 부분의 대본과 넘버 가사 만들기 활동을 하고, 학생이 적은 경우에는 전체 방에서 함께 작업을 진행할 수도 있다.

교사는 학생들의 활동을 이끌어 가기보다는 전체를 조망하며 어려움을 겪고 있는 부분을 해결하고 넘어갈 수 있도록 코칭해 준다. 구글 독스의 좋은 점은 교사에게도 문서의 링크가 있을 경우 학생들이 진행하는 활동 상황을 소회의실에 들어가지 않고도 살필 수 있다는 점이다. 어떤 부분에서 학생들이 막혔고, 어느 정도 진행이 되고 있으며, 작품의 밸런스는 잘 유지되어 진행되고 있는지 확인 가능하다.

활동을 모두 마친 후에는 '.docx' 파일로 다운받아 각자 사용하는 워드프로세서 프로그램으로 옮기고 다듬으면 대본이나 가사집이 손쉽게 완성된다.

이렇게 줌, 패들렛, 구글 독스의 콜라보레이션을 통해 온라인에서도 뮤지컬 수업에 도전할 수 있다. 처음부터 너무 어려운 작품 창작에 도전하기보다는 5분 내외의 간단한 극을 만들어 보거나, 함께 동요 가사를 바꾸어 만들어 보는 등 부담 없이 참여 가능한 수준에서 시작하여 온라인 도구 활동을 익히며 점차 주제를 담은 극으로 발전시켜 나가는 것이 좋다.

사례 1
교육과정 연계 온오프라인 혼합형
뮤지컬 프로젝트 수업
우리는 인공지능과 친구가 될 수 있을까

수업 디자인하기

온라인 기반 교육뮤지컬 수업은 백퍼센트 온라인으로만 진행한 수업
은 아니지만, 대부분의 과정이 온라인으로 진행되었던 온오프라인 혼
합형 수업을 의미한다. 〈우리는 인공지능과 친구가 될 수 있을까?〉는
6학년 학생들을 대상으로 진행했던 교육과정 연계 뮤지컬 프로젝트
수업이다.

앞서 소개했던 주요 온라인수업 도구를 활용하였고, 가끔은 학생들
의 흥미를 이끌어 내고 활동을 좀 더 확장하고자 곁들임 도구도 몇 가
지 활용했다. 줌, 패들렛, 구글 독스(문서, 프레젠테이션)를 중심으로 진
행했다.

1단계 자유로운 상상

인공지능은 이제 주변에서 쉽게 발견할 수 있는 당연한 존재가 되었다. 지금까지는 인공지능에 대해 이해하고 대비하는 시대였다면, 앞으로는 인공지능과 어떻게 어우러져 살아갈 것인가 고민해야 한다. 인공지능을 기술적 관점이 아닌 철학적 관점에서 바라보고, 뮤지컬 작품을 창작하기 위해 고민하고 토의하는 과정에서 과연 우리가 인공지능과 친구가 될 수 있는지 학생들 스스로 답을 찾아가 보는 기회를 제공하면 좋겠다.

2단계 교육뮤지컬 수업 모델 선정

① **선정 모델** : 창작 중심 뮤지컬 수업

② **이유** : 원래 학생들과 작품을 만들어 다른 반 학생들을 대상으로 공연하는 것을 목표로 하였으나, 코로나19로 인해 학생들이 주 1회 등교하는 상황이 되었다. 공연 자체에 목적을 두기보다는 '인공지능과 인간의 관계'를 중심으로 여러 유형의 이야기를 상상하고 표현하는 과정에 집중했다. 학생들이 예술 활동을 통해 미래사회의 모습을 만나 볼 수 있도록 창작 중심 수업 모델을 선정했다.

3단계 교육뮤지컬 구성 요소 선정

① **구성 요소** : 이야기, 연기, 음악

② **배정** : 이야기(50), 연기(30), 음악(20)

③ **이유** : 이 프로젝트는 우리의 삶 속으로 깊숙이 들어온 인공지능과의 관계를 학생들이 시뮬레이션해 보며 극적인 상황으로 만들어 표현하는 것을 목표로 한다. 각자 이야기를 상상하여 1인 손극으로 표현해 보고, 친구들의 공감을 얻은 이야기를 몇 가지 선정해 옴니버스 뮤지컬로 창작한다. 제한된 상황 속에서의 극적 표현을 통해 사고를 확장하고, 미래를 상상하는 활동을 이끌어 내기 위해 이야기와 연기 활동을 주요 구성 요소로 선정했다.

4단계 교육과정 분석과 연계

① **핵심 개념** : 혁신(실과), 현대의 사회 변동(사회)

② **주요 성취기준 탐색 및 분석**

[6실05-06] 생활 속에서 로봇 활용 사례를 통해 작동 원리와 활용 분야를 이해한다.

[6사08-06] 지속가능한 미래를 건설하기 위한 과제(친환경적 생산과 소비 방식 확산, 빈곤과 기아 퇴치, 문화적 편견과 차별 해소 등)를 조사하고, 세계시민으로서 이에 적극 참여하는 방안을 모색한다.

→ 인류에 닥쳐온 인공지능과의 공존에 대한 여러 사례와 이를 다룬 책, 영상 작품 등을 탐색하고 토의하는 과정을 통해 과연 우리는 인공지능과 어떻게 바람직한 관계를 맺으며 살아갈 수 있을지 고민해 본다.

③ 보조 성취기준

[6국05-06] 작품에서 얻은 깨달음을 바탕으로 하여 바람직한 삶의 가치를 내면화하는 태도를 지닌다.
[6국05-04] 일상생활의 경험을 이야기나 극의 형식으로 표현한다.
[6미01-04] 이미지를 활용하여 자신의 느낌과 생각을 전달할 수 있다.
[6미02-03] 다양한 자료를 활용하여 아이디어와 관련된 표현 내용을 구체화할 수 있다.
[6음01-03] 제재곡의 노랫말을 바꾸거나 노랫말에 맞는 말붙임새로 만든다.
[6음01-05] 이야기의 장면이나 상황을 음악으로 표현한다.

5단계 온오프라인 활동 분배

단계	주요 활동	배움 활동	온/오프
준비 하기	생각 열기	• 인공지능에 대해 알고 있는 내용 나누기 • 손극 활동을 통해 미래사회의 인간과 인공지능의 모습 표현해 보기	온/ 오프라인
떠올 리기	인공지능을 바라보는 다양한 관점 알아보기	• 뉴스와 영화 속에 등장하는 인공지능 모습을 살펴보며 다양한 관점에서 생각해 보기	온라인
	이야기 만들기	• 인간과 인공지능의 관계를 담은 미래의 모습으로 이야기 만들기	온라인
표현 하기	이야기 확장하기	• 친구들이 만든 이야기를 보고 나의 생각 보태어 확장하기	온라인
	1인 손극 만들기	• 원하는 이야기를 골라 1인 손극 영상 촬영하여 공유하기	온라인
	작품 선정하기	• 작품 감상하고 의견 공유하기 • 우리 반 작품 3개 선정하기	온라인
	음악 연결하기	• 장면에 어울리는 음악 선정하기	온라인
	노래 익히기	• 음악의 분위기와 장면의 상황을 생각하며 노래 익히기	오프라인

표현하기	가사 만들기	• 인물의 상황과 마음을 생각하며 가사 만들기	온라인
	대본 리딩하기	• 대본을 소리 내어 읽으며 호흡 맞추기	오프라인
나누기	교실 낭독극	• 서로 관객과 배우가 되어 작품 발표하기	오프라인
	프로젝트 커튼콜	• 소감 나누기 • 나와 우리의 성장 확인하기	온라인

6단계 온라인 활동 구체화

① 인공지능을 바라보는 다양한 관점 알아보기

구글 프레젠테이션을 통해 활동을 안내하고, 뉴스와 영화 속에 등장하는 인공지능의 여러 이야기를 유튜브를 통해 살펴볼 수 있도록 한다. 이후 자신의 생각이나 느낌을 구글 문서에 기록하여 공유한다. 오늘 여러 배움 자료를 살펴보며 떠오른 나만의 관점은 잼보드를 통해 비주얼씽킹으로 정리한다.

② 이야기 만들기

구글 프레젠테이션을 통해 활동 안내 및 과제 제시를 진행하고, 패들렛 링크를 연결하여 각자 만든 이야기를 공유할 수 있도록 한다.

③ 이야기 확장하기

구글 프레젠테이션을 통해 친구들의 이야기를 감상할 수 있도록 하고, 패들렛 링크를 연결하여 친구가 만든 이야기에 자신의 아이디어를 덧

붙인 이야기를 이어서 작성하여 공유한다.

④ 1인 손극 만들기

구글 프레젠테이션을 통해 활동을 안내하고, 패들렛에 정리한 친구들의 이야기 중에서 마음에 드는 이야기를 골라 영상 애플리케이션으로 만들어 제출하도록 한다.

⑤ 음악 연결하기

줌에서 화면공유(컴퓨터 소리)를 통해 여러 음악을 감상하고, 알로Allo에서 온라인 투표를 진행하여 장별 뮤지컬 넘버를 정한다.

⑥ 가사 만들기

오프라인 수업 때 나누어 준 활동지에 자신이 담당한 뮤지컬 넘버의 가사를 만들어 패들렛에 공유하고, 여러 학생들이 제출한 가사를 적절히 조합하여 완성한다.

⑦ 대본 리딩하기

줌에서 소회의실을 활용해 팀별로 연습하고, 전체 방에서 점검하는 방식으로 진행한다.

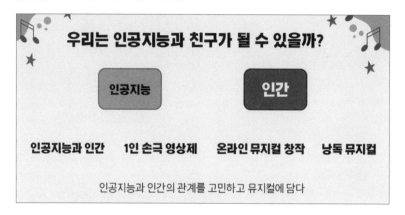

뮤지컬 수업 주요 활동 들여다보기

인공지능을 바라보는 다양한 관점 알아보기

① 구글 프레젠테이션을 통한 활동 안내

01 좋거나
사람과 인공지능 사이의 좋은 관계

인공지능이 사람을 돌본다?
뉴스 속의 인공지능

02 나쁘거나
사람과 인공지능 사이의 걱정되는 관계

인공지능 친구가 나를 조종한다?
영화 속의 인공지능

생각 나누기

아래의 링크로 가서
여러분의 생각을 세 문장 이상 남겨주세요.

https://docs.google.com/document/d/153
23wCdonnnMdsJVi-wsh1HLvVnpcVHk6
O4uWb9t7E/edit?usp=sharing

(예시) 인식수 : ㅁㅁㅁ다, ㅁㅁ다, ㅁㅁ다.

03 혹은
사람과 인공지능 사이에 대한 나의 생각

여러분의 생각은?

전자도화지 잼보드

사람과 인공지능의 관계에 대하여

다양한 생각이 있을 것 같아요.

여러분 생각을 그림으로 정리해볼 거예요.

우선 활동을 위해 아래 <잼보드> 어플 다운!

https://play.google.com/store/apps/details?id=
om.google.android.apps.jam

여러분의 생각은?

'사람과 인공지능의 관계'에 대한

여러분의 생각과 느낌을 잼보드에

그림으로 자유롭게 표현해보세요.(링크클릭)

잼보드에 가면 위쪽에 이런게 있어요.

페이지를 넘겨 자기 번호에 그리세요.

https://jamboard.goog
le.com/d/1kkualu2Lh
VdJXEy-u6-hRe77m5
i4Hmc11_c3dE_blxk/
edit?usp=sharing

② 학생의 결과물(구글 문서로 이루어지는 1:1 토론)

(예시)
지수쌤 :~~~다. ~~~다. ~~~다.
*송무빈:우리나라 시설이 좋아진것 같다. 돌봄시스템이 우리에게 많은 영향을
줄것이다. 아이들 걱정을 안해도 될 것 같다.
-> 치수쌤 : 돌봄시스템이 우리에게 어떤 영향을 줄 것이라고 생각하나요? 그리고 인공지능과
어떤 관련이 있는지 궁금하네요.

*임정현:우리나라의 인공지능 발전이 계속 진화해가며 우리에게 이익을주는것 같다.
아이들도 돌봐 줄 것 같다. 내가 모르는걸 알려줄수 있을것같다
-> 치수쌤 : 인공지능이 발전하며 우리에게 주는 이익만큼이나 불이익도 있을 것 같은대요. 둘
중 어떤 것이 더 크다고 생각하나요?

*송사랑 : 인공지능은 좋은 것 같다
-> 치수쌤 : 어떤 점이 좋다고 생각해요?
-> 송사랑:우리나라 인공지능이 특별한 것 같다.

*김미영 : 우리나라의 복지가 많이 좋아진 것 같다.
       앞으로 이렇게 우리생활에 도움을 주는 인공지능들이 많이 생겼으면 좋겠다.
       앞으로 어떤 인공지능들이 생길지 기대도 되고 궁금하다.
-> 치수쌤 : 미영이 생각에 어떤 인공지능이 생겨나면 사람들이 더 행복하게 살 수 있을까요?
-> 김미영 : 그 사람의 부족한 점을 채워줄 수 있는 인공지능이 생기면 사람들이
행복할 것 같다.
-> 치수쌤 : 생각하지 못했던 부분인데 선생님도 그러면 참 좋겠네요. 그렇다면 위와같은
인공지능이 생긴다고 하면 미영이는 어떤 기능이 필요한가요?
-> 김미영 : 책을 재미있게 읽어주는 기능이 생기면 책을 자주 읽을것 같다.
-> 치수쌤 : 적극적으로 참여해주어 고맙습니다. 다음 시간에 또 봅시다.

③ 학생의 결과물(잼보드에 나의 생각 비주얼씽킹으로 정리하기)

이야기 만들기

① 구글 프레젠테이션을 통한 활동 안내

② 이야기를 만들어 패들렛에 공유하기

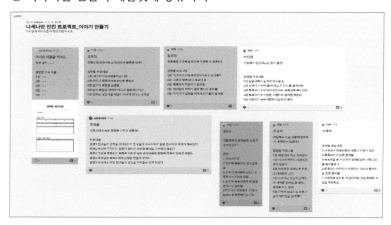

③ 학생의 결과물

- 인공지능도 감정을 가질 수 있을까?

장면1 : 친구들과 견학을 다녀왔다가 친구들이 똑똑이에게 좋은
친구라고 이야기해 주었다.

장면 2 : 하지만 똑똑이는 감정이 없어서 칭찬을 들어도 기뻐하지
　　　　않았다.

장면3 : 그래서 똑똑이는 감정을 가지고 싶어 박사님에게 감정을
　　　　만들어 달라고 하였다.

장면4 : 박사님은 똑똑이에게 감정을 만들어 주었다.

장면5 : 똑똑이도 이젠 친구들의 감정을 이해할 수 있게 되었다.

이야기 확장하기

① 구글 프레젠테이션을 통한 활동 안내

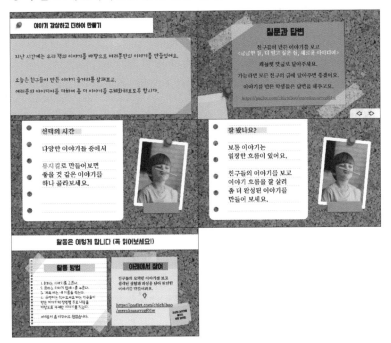

② 친구 이야기에 아이디어를 더하여 확장하기

③ 학생의 결과물

- **확장 전 : 의논 상대가 가능할까?**

1. 서연이가 장래희망에 대해 고민하고 있다.

2. 똑똑이가 교실로 들어온다.

3. 똑똑이를 본 서연이가 장래 희망에 대해 고민을 털어놓았다.

4. 똑똑이가 서연이에게 잘하는 것이나 좋아하는 것을 물어보았다.

5. 서연이의 잘하는 것, 좋아하는 것을 토대로 직업을 추천해 주었다.

- **확장 후 : 연기냐, 개그냐 그것이 문제로다**

1. TV에서 배우와 관련한 한 프로그램을 본 서연이

2. 며칠 후, 이번엔 개그맨이라는 직업에 대한 프로그램을 보게 된다.

3. 평소 진로에 관심 없던 서연이는 두 방송을 본 뒤로 장래 희망에 대한 고민에 빠지게 된다.

4. 장래에 대한 고민으로 생각에 잠겨 있던 서연이

5. 교실로 들어오던 똑똑이를 보게 되었다.

6. 서연이는 잠시 망설였다. 똑똑이는 감정이 없어서 직설적이고 독설적이라 똑똑이에게 고민을 들어 달라고 할지 말지 고민이 되었다.

7. 서연이는 똑똑이를 자리에 앉히고 그들의 대화는 시작된다.

– 서연 : 똑똑아, 나 개그맨도 되고 싶고 배우도 하고 싶어. 근데 둘 다 하기는 힘들 것 같아.

– 똑똑 : 너는 개그 쪽에 소질이 있니, 아니면 연기 쪽에 실력이 있니?

– 서연 : 연기 잘한다는 소리를 많이 듣는 것 같아.

– 똑똑 : 한번 해 봐. (연기와 개그가 끝난 뒤) 분석 결과 연기 쪽에 확실히 소질이 있어. 어쨌든 둘 다 연기를 하는 직업이니 이왕이면 연기를 열심히 해 봐.

1인 손극 만들기

① 구글 프레젠테이션을 통한 활동 안내

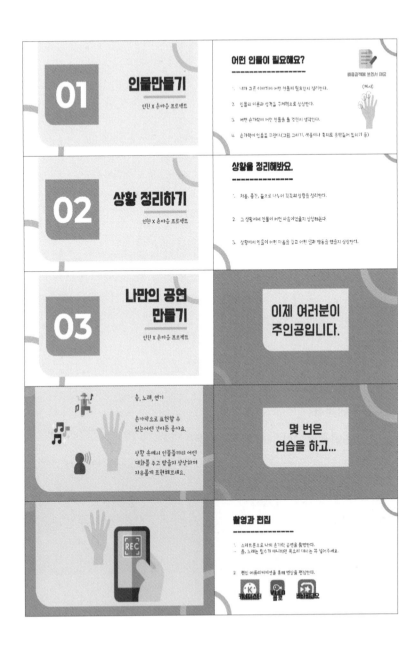

② 학생의 결과물

뮤지컬 넘버 가사 만들기

① 구글 프레젠테이션을 통한 활동 안내

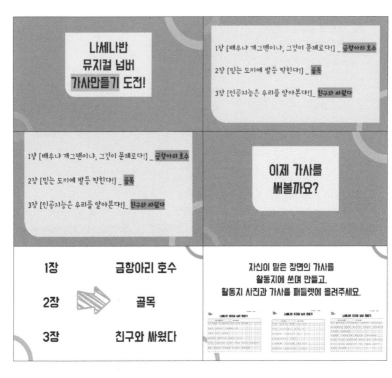

② 학생의 결과물

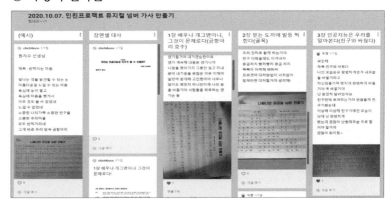

교실 낭독극

다행히 오프라인 수업으로 전환되어 교실에서 작은 공연을 할 수 있었다. 무대는 단순했다. 장면별로 등장하는 배우 수만큼의 의자가 전부였다. 역동적인 공연은 아니었지만, 그동안 온라인에서 만나 어렵게 만든 작품을 같은 공간에 모여 함께 나눌 수 있다는 것 자체로 감사했다. 보통의 뮤지컬 공연과는 다르게 뮤지컬 넘버가 나올 때는 모든 학생이 함께 가사를 따라 부르는 씽어롱Sing-along 형태의 낭독극으로 진행했다.

사례2
뮤지컬 동아리
온오프라인 혼합형 수업
우리들의 뮤지컬

수업 디자인하기

4-6학년 학생으로 구성된 학교 뮤지컬 동아리의 작품 창작과 콘텐츠 제작 과정을 담은 〈우리들의 뮤지컬〉이다.

1단계 자유로운 상상

어떻게 하면 학생들이 뮤지컬을 쉽게 이해하고 친근하게 생각할 수 있을까? 또 다양한 구성 요소의 조화로 이루어진 뮤지컬의 특성을 활용하여, 서로 다른 친구들로 이루어진 공동체에서 조화롭게 지내는 방법에 대해 생각해 볼 수 있지 않을까? 뮤지컬 구성 요소를 하나의 인물로 보고 학생들과 이야기를 만들어 보자. 이야기, 음악, 연기, 춤, 조명 등이 어우러져 하나의 뮤지컬 작품을 만들어 가는 과정을 담은 뮤지컬 작품을 만들어 보자.

2단계 교육뮤지컬 수업 모델 선정

① **선정 모델** : 공연 중심 뮤지컬 수업

② **이유** : 뮤지컬 동아리 학생들은 작품을 만들어 공연을 올리는 것을 목표로 하고 있다. 의미 있는 작품을 창작하는 것에서 나아가 코로나19 상황에서 할 수 있는 다양한 공연 방법을 고민하고, 여러 유형의 콘텐츠로 담아 교내의 예술교육 활동 자료로 활용하기 위하여 공연 중심 수업 모델을 선정했다.

3단계 교육뮤지컬 구성 요소 선정

① **구성 요소** : 이야기, 음악, 안무, 연기, 기획

② **배정** : 이야기(30), 음악(20), 안무(20), 연기(20), 기획(10)

③ **이유** : 이번 과정에서는 여러 뮤지컬 구성 요소가 적절히 균형을 이루어 다양한 공연 콘텐츠로 발전하는 것을 목표로 한다. 따라서 각 구성 요소를 균등하게 배분하였고, 기획을 추가하여 우리가 어떤 콘텐츠를 만들 것인지 고민하고 실행하는 과정 또한 교육 프로그램의 일부가 되도록 한다.

4단계 교육과정 분석과 연계

① **핵심 개념** : 연결(미술), 음악의 활용(음악), 배려(도덕)

② **주요 성취기준 탐색 및 분석**

[4미01-02] 주변 대상을 탐색하여 자신의 느낌과 생각을 다양한 방법으로 나타낼 수 있다.

→ 뮤지컬의 구성 요소를 살펴보고 분석하여 인물을 창조하고 이야기를 만들며 뮤지컬을 기반으로 하는 다양한 융합예술 콘텐츠를 기획·제작한다.

③ **보조 성취기준**

[4도02-04] 협동의 의미와 중요성을 알고, 경청·도덕적 대화하기·도덕적 민감성을 통해 협동할 수 있는 능력을 기른다.

[4음01-02] 악곡에 어울리는 신체 표현을 한다.

[6음01-04] 제재곡의 일부 가락을 바꾸어 표현한다.

[6음01-05] 이야기의 장면이나 상황을 음악으로 표현한다.

[6미01-03] 이미지가 나타내는 의미를 찾을 수 있다.

[6미02-02] 다양한 발상 방법으로 아이디어를 발전시킬 수 있다.

[4체04-02] 느낌이나 생각을 창의적인 움직임으로 표현하는 데 적합한 기본 동작을 다양한 표현 상황에 적용한다.

[6체04-08] 주제와 관련된 다양한 표현 방식을 이해하고 자신의 느낌과 생각에 따라 창의적인 방법으로 표현한다.

5단계 온오프라인 활동 분배

단계	주요 활동	배움 활동	온/오프
준비하기	몸과 마음 열기	• 손가락 인물 창조 • 손가락 영상극 만들기	온라인
떠올리기	이야기 만들기(1)	• 뮤지컬의 구성 요소를 중심으로 자유롭게 이야기 만들기	오프라인
	인물 창조하기(1)	• 뮤지컬의 구성 요소를 의인화하여 인물로 창조하기	오프라인
표현하기	이야기 만들기(2)	• 서로의 이야기에 대해 피드백하며 확장하기	온라인
	인물 창조하기(2)	• 구체적인 상황에 인물을 놓고 말과 행동 상상하기	온라인
	대본 만들기	• 구글 독스로 실시간 협업하여 대본 만들기	온라인
	대본 리딩	• 줌을 활용한 대본 리딩과 호흡 맞추기	온라인
	음악 연결하기	• 장면에 어울리는 음악 선정을 위한 토의하기	온라인
	가사 만들기	• 역할 분담하여 뮤지컬 넘버의 가사 만들기	온라인
	안무, 동선 만들기	• 인물의 마음과 장면의 분위기를 생각하며 움직임 만들고 연습하기	오프라인
	뮤지컬 넘버 레코딩	• 뮤지컬 넘버를 익히고 레코딩 작업에 참여하기	오프라인
나누기	뮤지컬 그림책	• 뮤지컬 작품의 내용을 이미지로 표현하여 그림책 만들기	온라인
	오디오 뮤지컬	• 오디오 뮤지컬 제작을 위한 녹음 활동 참여하기	오프라인
	웹뮤지컬	• 웹드라마 형식으로 뮤지컬 영상 촬영하기	오프라인
	줌뮤지컬	• 줌에서 공연을 하고 자막을 입혀 영상 작품 만들기	온라인
	커튼콜	• 소감 나누기 • 나와 우리의 성장 확인하기	온라인

6단계 온라인 활동 구체화

① 손가락 영상극 만들기

줌에서 화면공유를 통해 구글 프레젠테이션 자료를 공유하며 활동을
이끌어 간다. 영상 제작은 각자 사용하기에 편한 영상 편집 애플리케
이션을 이용해 제작하여 공유한다.

② 이야기 만들기

줌에서 뮤지컬의 구성 요소와 특징에 대해 이야기하고, 각자 '뮤지컬'
을 주제로 하는 이야기를 만들어 패들렛에 공유하고 상호 피드백한다.

③ 인물 창조하기

오프라인에서 진행한 인물 창조하기 활동을 바탕으로 패들렛을 활용
하여 인물을 다방면으로 상상해 본다. 줌 토의 활동으로 가상의 상황
속에서 인물이 어떻게 말하고 행동할 것인지 상상하여 정리한다.

④ 대본 만들기

3개의 장을 3팀으로 나누어 줌 소회의 활동을 진행하고, 역할 맡아 대
화하기를 하며 구글 문서에 실시간으로 협업하여 대본을 만든다.

⑤ 음악 연결하기

패들렛 '캔버스' 서식을 활용하여 장면에 어울리는 음악에 대한 의견

을 수렴하고 줌에서 토의한다.

⑥ 가사 만들기

구글 문서를 통해 자신이 담당한 뮤지컬 넘버 가사를 만들어 공유한다.

⑦ 뮤지컬 그림책

줌에서 그림책의 방향과 역할 분담에 대해서 토의하고, 밴드를 통해 과제를 제시하여 각자 맡은 장면을 디지털 드로잉으로 완성해 제출한다.

⑧ 줌 뮤지컬

줌에서 연기, 노래, 안무를 하고 이를 녹화한다. 영상에 자막을 입혀 유튜브에 공유한다.

7단계 **자료 탐색과 수업 브랜딩**

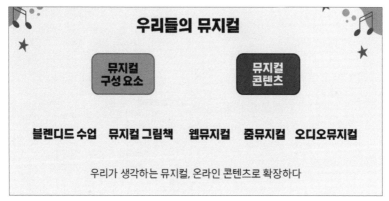

뮤지컬 수업 주요 활동 들여다보기

손가락 영상극 만들기

① 구글 프레젠테이션을 통한 활동 안내

② 학생의 결과물

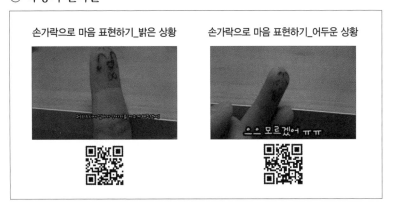

손가락으로 마음 표현하기_밝은 상황

손가락으로 마음 표현하기_어두운 상황

이야기 만들기(오프라인과 온라인)

이 수업을 진행할 당시에는 언제 온라인수업을 하고, 언제 오프라인 수업을 할지 전혀 예측할 수 없었다. 따라서 상황이 되는 대로 거기에 맞추어 진행했다.

이야기 만들기를 할 때도 1차시는 오프라인으로 수업할 수 있었지만, 등교가 중지되면서 2차시는 온라인으로 진행해야 했다. 오프라인 활동 시에 활동지를 중심으로 이야기 만들기를 풀어 갔다. 뮤지컬을 이루고 있는 구성 요소에 대해 이야기를 나누고, 각자 자신만의 이야기를 상상하여 정리하고 피드백하였다.

① 학생들이 1차로 만든 이야기(오프라인)

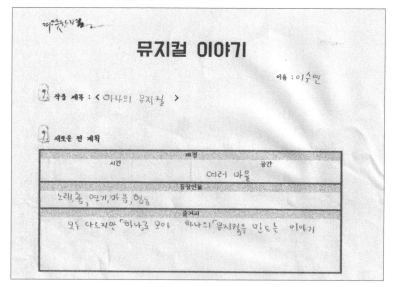

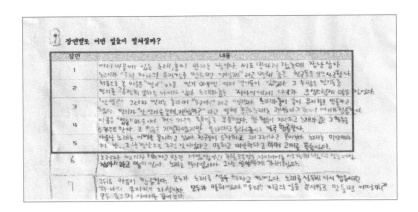

② 학생들이 1차로 만든 이야기(오프라인)

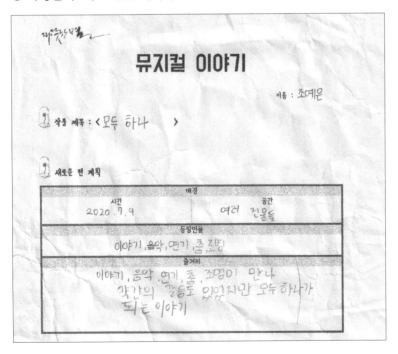

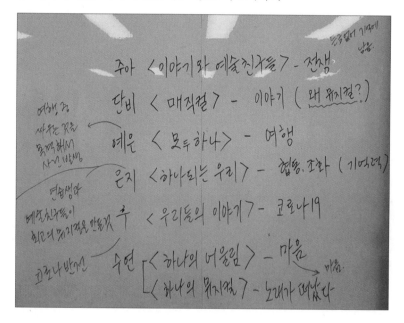

장면별로 어떤 일들이 펼쳐질까?

장면	내용
1	이야기와 소명이 야기를 하고 있었어요 그러다 심심해진 이야기, 꼬명은 친구를 찾아 떠나가기로 만고 동의했어요
2	그렇게 가고 있는데 저기 멀고있는 연기를 봐 친행했어. 왜 그러냐고 물으니 친구들이 자꾸연기만 해서 싫다고 했어요. 그래서 다같이 여행을 갔구
3	었 (그런데) 저기에 무대아들이 싸우고 있었어요. 그래서 야기, 연기, 쪼명이 말리다가 같이 싸우게 되었어요
4	싸우다가 지친 이야기, 연기가 먼저 사과를 했어요. 그리고 생각해 보니 각자만의 개성이 있다는 걸 알게 되었거든요. 다들 화해를 했어요
5	그리고, 무대가 얘기 했어요. 우리가 함께 합쳐지면 어떡까? 마침내 하나가 되어 "뮤지컬"이 완성되었어요

③ 각자가 만든 이야기 발표하고 상호 피드백하기

④ 패들렛을 활용한 교사의 피드백과 수정(온라인)

⑤ 댓글을 통한 이야기 창작 피드백 사례

인물 창조하기

인물 창조 활동도 등교 여부를 알 수 없는 상황에서 진행하였다. 1차시는 오프라인, 2~3차시는 온라인에서 이루어졌다. 동아리 학생 인원수를 고려해 6명의 주요 인물을 설정하고, 인물에 따라 5개의 질문을 통해 상상하여 표현하였다. 성격, 좋아하는 것, 싫어하는 것, 어울리는 색, 주요 대사를 중심으로 인물을 구체화하였고, 이후 토의 활동을 진행하여 각 인물의 공통적인 색깔을 찾아 정리하는 시간을 가졌다.

온라인수업으로 전환되면서 2차시에는 패들렛으로 옮겨 정리하였다. 1차시에는 각자 결과물을 만들었지만, 2차시는 협업을 통해 진행하였기 때문에 보다 생각을 확장할 수 있었다. 3차시는 전문 뮤지컬 강사와 1~2차시에서 나온 결과를 바탕으로 보다 구체적인 상황 속에 인물을 두고 어떻게 말하고 행동할 것인지 토의하며 정리하는 활동을 진행하였다. 인물 창조 활동이 중요한 이유는 학생들이 보다 구체적으로 작품을 이해하고 표현하는 데 도움을 주기 때문이다.

그럼 어느 지점에서 인물 창조 활동을 진행하는 것이 좋을까? 상황에 따라서 차이가 있지만, 주로 이야기 만들기 활동 이후에 배치하여 자신들이 만든 이야기를 좀 더 구체적으로 상상해 볼 수 있도록 하는 것이 자연스럽다. 그리고 인물 창조를 진행한 후에 대본 만들기 활동으로 이어 가면 주어진 상황 속에서 인물이 하게 되는 말과 행동을 좀 더 쉽고 구체적으로 표현할 수 있게 된다.

한 가지 중요한 점은 인물 창조 활동에서 상호 간의 긴밀한 소통이 필요하다는 것이다. 토의 활동을 통해 자신이 상상하는 인물의 모습에 대하여 이야기하고 친구의 의견을 경청하면서 점차 '각자의 인물'이 '우리의 인물'로 확장되어 정리된다. 이후에 진행되는 다양한 창작 활동에서 발생하는 의견 충돌을 조금은 줄일 수 있는 하나의 예방책이다. 뮤지컬 작품을 만든다는 것은 함께하는 구성원과 공동의 가상세계를 만들고 구체적으로 그려 가는 작업이다.

① 1차시 인물 창조하기 활동(오프라인)

② 2차시 인물 창조하기 활동(온라인)

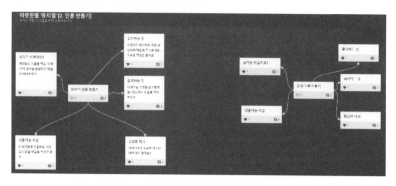

- 인물 '이야기'의 성격
- 조용하고 착하다.
- 리더십이 강하고 배려심이 많다.
- 활발하고 분위기 파악을 잘한다.

- 좋아하는 것
- 서로 배려하기, 동화책 읽기, 남 도와주기

- 싫어하는 것
- 남 비하하기, 다른 사람 말에 경청하지 않는 것, 무시하는 행동

- 어울리는 색깔
- 보라색('배려심' 하면 보라색이 떠오른다, '친절' 하면 보라색이 떠오른다.)

- 중요한 대사
- 서로 하나가 되어야 우린 작품을 만들 수 있어.
- 내가 이야기 하나를 들려줄게.

③ 3차시 인물 창조하기 활동(온라인, 김찬호 강사 정리)

	이야기	음악	춤	연기	조명	마음
성격	조용하고 차가다 / 이야기의 감각이 / 체력쓰이 많다 활발하다 / 혼자가 좌우를 잘 한다	급하다 / 흥을하고 소극적이다 / 있수는 박자만 반복되면 화를 낸다	섬세하다 / 활발하다 / 변덕스럽다	상대방이 날 알아주고 바라다 장난이 많다 / 감정이 풍부하고 날 챙치고 웃시만 하려 도 참견에 생각이 깊다	관심을 받고 싶다한다 / 베려심이 많고 털 뺀다	조용하다 / 동정적이다 / 따뜻하다 / 소심하다
색깔	빨강 / 보라(빨리, 전쟁)	노랑(봄)파랑(아무노노흑(격렬함)	파랑(청록색) / 주황(발랄함,분적)	밝고, 하늘(하늘색이), / 노랑(명기)	검정(어려 색을 섞으면) / 무지개(여러 색을 바누나)	하얀(없을 수 있다) / 분홍색(따뜻하다)
좋아 하는 것	서로 배려하고 도와주는 것 / 동화책 읽기, 도와주기 / (배려심)	스릴있는 영화 / 핫한 노는 것 / 줄을 딱기 노래	커블 / 춤추기 / 음악적기	다른 사람의 연기를 보며 색증게 이울수 는 창의로 비가하는 것 / 새로운 연기 도전 / 친구들과 연기하자	관심 받는 것 / 해바라기 / 자신들 응응 통보받는 것	나의 마음을 다른 사람에게 전하는 것 / 친구들의 성공하는 것 / 함께 하는 것
싫어 하는 것	다른 사람을 비유하는 것 / 다른 사람의 말을 제대로 듣지 않는 것 / 내 이야기를 우시하는 것	기한이 있는 것 / 너무 시끄러운 것 / 자신들 노래를 막하는 것	자루황 / 자기 중에 묘과가 않는 사람 / 다른 사람이 줄에 안는 것무를 자신이 점러주고 우기는 것	자신의 연기가 서툴러서 싫하는 것 / 자신을 오해하는 것	무시 / 멸웃 / 자신 빼고 이야기 노는 것	자신을 비유하는 것 / 친구들의 마음의 존중하는 것 / 자신 삶에 후 하지 많음 있고 하는 것
중요 대사	서로 하나가 되어야지 하나의 작품을 만들 수 있데 / 내가 이야기를 듣려줄게	미안하고 교두력 / 이럴 나를 웃기지 말아대요.. / 그때 우리 음악소 쓰자지 하나 더 노래가 더 좋아!	우리가 하나로 뭐 수 있다면 / 나래가 없지 / 내가 해볼게	생각학고 말해야 하는데, 미연해 / 내가 잘난처서 미안해 / 인하! 그냥 솔솔게 혼기지!	자루 그려도 초명 비여야디 / 조명 켜보들 거예!	너희들은 따음 담지 않았지만 내가 도와 줄게 사로를 이해하고 도와주자 거의 / 내가 용어가면 완벽하게 위치들이 완성 되지 않을까? / 내가 들어가 볼까? 될까!

1. 나는 오늘 아침 이곳으로 전학했다. 친구들 앞에서 첫 인사를 건넨다.
2. 조별 과제를 하고 있다. 친구들에게 내 의견을 강조한다.
3. 내 의견만 이야기하다 친구들과 싸웠다. 내 마음은 어떨까
4. 친구들에게 사과를 하려고 한다. 어떤 말을 해야 할까.

이야기 (배려)	음악(자기주장)	춤(정직,활발)	연기(도끼병)	조명	마음
(맨저) 안녕! 나는 이야기야! / 나는 글을 쓰는 것을 좋아해 / 싸우지 않고 친하게 지내자 / 너희들을 만나서 기뻐!	(가르을 똑딱여 노래하며) 안 녕 나는 음악이야 / 난 영화보는 것을 좋아해 / 노래를 좋아해	(박수를 하며) 안녕 나는 춤이야! 줌추는 것을 제일 좋 아해! 너희가 뭐가 뭐 나 뭘 좋려면! 특치 좋을 배우 싶다면 나안데 말해!	(추근데데어)안녕 나는 연기 야! 나 누구인 알지? 내 이상 의 설명은 하지 않을까?	(밝게 비추며 등장한다) 안녕 나는 조명이야! 너희들 내 이 야기 잘 듣고 있지 나의 천 쳐지면 너희들을 밝게 비춰 줄게!	(소심하게, 말을 더듬으며) 아 안녕.. 나는 마음이야.. / 알 부탁해..! 우리 싸우지 말 고 잘 지내자!
(상남하게) (설득하는 말투로) 조별과제를 이런 방식으로 하는 건 어떨까? (제시한다)	애들아, 나는 음악을 잘해, 그 러니까 내 말을 한 번 들어봐 래? 이렇게 해야해! 내 알게 로 헤어 해!	애들아 내가 다 맞게 나안데 맡겨 ! 에바 ! 이렇게 하면 우 리가 딸등 할 수 있어	(단호하게)아니~ 내 말대로 해야한다니까~ / (가짜로 울며) 흑흑 내 얘기 를 들어봐.. (가짜로대 울려고고) 아게 맞다니까!	내 이야기를 들어주면 우리 큰 성과를 얻을 수 있어 / (친구들에 듣지 않자 토라진 다) / 나만 맞다니까	애들아 미안한데 내가 꼭 사 과를 해야겠어/ 너희가 먼저 사과하면 내가 기분이 좋을 것 같은데
속상하다 / 속상해 친구들을 걱정한다 / 내가 잘못한 것은 아닌 지 고민한다	회들난다 / 역울하다 / 친구들이 잘못한 것만 생각 한다	억울하다 / (내가 행 뭘못했는지 모르겠 다. 나는 친구들을 위해 먼저 나 서서 움직였다	뭐 섰다.. / 내 연기가 돋돼난 것이 억이 없다. 친구들을 버난먹고 싶 다	(토라진 마음이 음방 물러써 없다) 친구들 00의의 의견을 줌 더 들어보면 어떨까?	슬프다 친구들한테 미안하다. / 친구들을 이해한다
미안해, 내가 너무 내 의견만 강조했니? 우리 다시 서로 배려하면서 과제를 하자!	너희가 먼저 사과를 하면, 나 도 사과를 할게, 아니면, 내 의견대로 과제를 하면 나도 사과할 수 있어.	(참사하게) 애들아, 내가 뭘 잘못했는지 모르겠으니까 그 알려주면 내가 사과할게.	애들아, 미안한데 내가 꼭 사 과를 해야겠으니 너희가 먼저 사과하면 내가 기분이 좋을 것 같습니다.	애들아 내가 아까는 미안했 어, 그러니까 다른 의견도 들 어보고 함께 생각해보자	애들아, 내가 생각이 짧았으 너무 미안해 우리 같이 다시 과제를 하자 노력해보자

대본 만들기

대본 만들기는 줌을 기반으로 실시간으로 소통하며, 구글 독스를 활용하여 협업해 만들었다. 이미 학생들과 작품에 대한 협의가 이루어졌고, 공감대 또한 형성되어 있었기 때문에 3팀으로 나누어 각각 1장씩을 담

당하여 소회의실에서 활동을 진행했다. 교사는 전체 방에서 구글 독스 문서를 살펴보며 학생들이 어떻게 진행하고 있는지 확인하고, 어려움을 겪고 있는 것 같은 경우에 해당 소회의실에 들어가 도움을 주고 다시 나오는 형태로 활동을 이끌어 가는 것이 좋다.

① 구글 독스를 활용한 대본 만들기

패들렛을 활용한 음악 연결하기 활동

음악 연결하기는 3개의 곡을 미리 정해 놓은 상황에서 장면과 어울리는 부분에 대한 토의를 하여 선정하는 방향으로 진행했다. 4-6학년 학생들의 뮤지컬 프로젝트 수업 중의 일부분으로 김아영 작곡가와 협업하여 뮤지컬 넘버 3곡을 작곡하는 활동이 있었다. 여기에서 탄생한 넘버를 뮤지컬 동아리 작품에서도 활용하기로 했다.

패들렛 '캔버스' 서식을 활용해 3곡을 펼쳐 놓고 학생 개개인이 음악을 감상하며 우리가 만든 작품의 장면 중 어울리는 곡에 대한 의견을 남기고 줌에서 토의하는 방향으로 진행했다. 각 곡이 8분 정도로 길었고, 한 곡 안에서도 다양한 분위기로 변주되었기 때문에 학생들에게 구체적으로 어떤 부분이 어떤 장면에서 흐르면 좋겠는지 의견을 남기도록 하였다.

마지막 엔딩 넘버인 「우리들의 뮤지컬」은 학생들과 김아영 작곡가가 줌에서 만나 함께 작곡 작업을 진행했다. 학생들은 뮤지컬의 구성 요소가 모여 멋진 작품을 만들었을 때 어떤 음악이 흐를 것 같은지 상상하며 각자 떠오르는 멜로디를 표현하였고, 작곡가는 이 멜로디를 악보에 옮겨 썼다. 이후 멜로디를 다듬어 하나의 뮤지컬 넘버로 만들었다. 학생들이 모든 멜로디를 만든 것이 아니라서 아쉬움은 남지만, 학생과 예술가가 만나 하나의 작품을 이룬 의미 있는 협업 활동이었다.

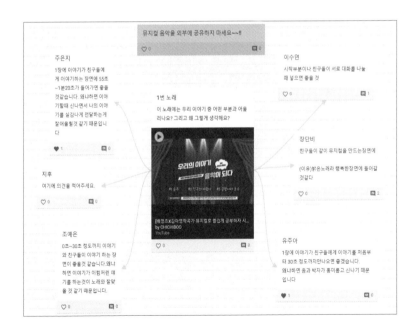

주은지

2장에 서로간에 갈등이 맞
지않은 부분에 13초~40초
가 어울릴것같습니다. 긴장
감은 있지만 자기 주장만 이
야기하여 시끄러워지는 부
분이 잘어울될것 같다 느꼈
습니다.

♡ 1   💬 0

지후

여기에 의견을 적어주세요.

♡ 0   💬 0

조예은

1분30초~2분30초 예술 친
구들이 싸우는 장면이 좋을
것 같습니다 왜냐하면 분위
기가 조용한분위기이기때문
에 싸우는 분위기에 잘 맞을
것 같기 때문입니다.

♡ 0   💬 0

2번 노래

이 노래에는 우리 이야기 중 어떤 부분과 어울리나
요? 그리고 왜 그렇게 생각해요?

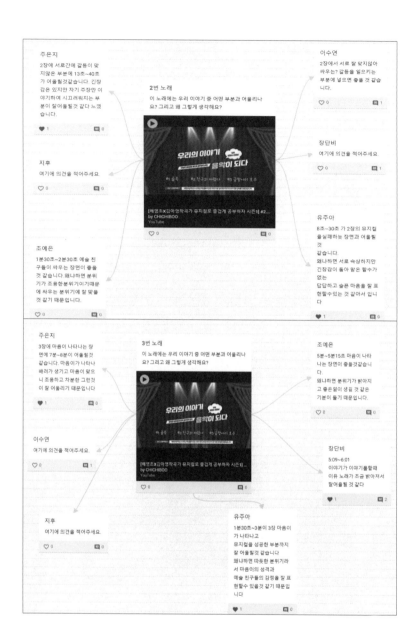

[배명초X김아영작곡가 뮤지컬로 즐겁게 공부하자 시즌1] #2...
by CHICHIBOO
YouTube

💬 0

이수연

2장에서 서로 잘 맞지않아
싸우는? 갈등을 일으키는
부분에 넣으면 좋을 것 같습
니다.

♡ 0   💬 1

장단비

여기에 의견을 적어주세요.

♡ 0   💬 1

유주아

8초~30초 가 2장의 뮤지컬
을 실패하늣 장면과 어울릴
것
같습니다.
왜냐하면 서로 속상하지만
긴장감이 돋아 맡은 할수가
없는
답답하고 슬픈 마음을 잘 표
현할수있는 것 같아서 입니
다

♡ 1   💬 0

주은지

3장에 마음이 나타나는 장
면에 7분~8분이 어울릴것
같습니다. 마음이가 나타나
배려가 생기고 마음이 맞으
니 조용하고 차분한 그런것
이 잘 어울리기 때문입니다

♡ 1   💬 0

이수연

여기에 의견을 적어주세요.

♡ 0   💬 1

지후

여기에 의견을 적어주세요.

♡ 0   💬 0

3번 노래

이 노래에는 우리 이야기 중 어떤 부분과 어울리나
요? 그리고 왜 그렇게 생각해요?

[배명초X김아영작곡가 뮤지컬로 즐겁게 공부하자 시즌1]...
by CHICHIBOO
YouTube

💬 0

조예은

5분~5분15초 마음이 나타
나는 장면이 좋을것같습니
다.
왜냐하면 분위기가 밝아지
고 좋은일이 생길 것 같은
기분이 들기 때문입니다.

♡ 0   💬 0

장단비

5:09~6:01
이야기가 이야기를할때
이유 노래가 조금 밝아져서
잘어울릴 것 같다

♡ 1   💬 2

유주아

1분30초~3분이 3장 마음이
가 나타나고
뮤지컬을 성공한 부분까지
잘 어울릴것 같습니다
왜냐하면 따뜻한 분위기라
서 마음이의 성격과
예술 친구들의 감정을 잘 표
현할수 있을것 같기 때문입
니다

♡ 1   💬 0

250

구글 독스를 활용한 뮤지컬 넘버 가사 만들기

장면에 어울리는 음악을 선정한 후에 정리해 보니 최종적으로 8개의 뮤지컬 넘버가 필요했다. 이후 넘버가 너무 많다는 의견이 나와서 6개로 줄였다. 뮤지컬 동아리는 학생 6명과 교사 1명, 강사 1명으로 이루어져 있었기에 딱 8명이다. 한 사람이 책임지고 한 넘버의 가사를 담당하기로 했다. 이번 작품 활동에 대한 지분을 똑같이 나누어 갖고 있다는 의미와도 같았다.

학생들에게는 이러한 작은 책임감 부여가 활동 진행에서 생각보다 큰 영향을 미친다. 활동은 구글 독스를 통해 진행하였고, 각자가 만든 넘버를 멜로디에 맞게 다듬어 최종적으로 6곡의 뮤지컬 넘버 가사가 탄생했다.

M4 MUSIC and DANCE

- 담당자 : 주○○
- 노래 부르는 인물 : 춤, 음악, 그 외
- 어울리는 음악(원곡) : 금항아리 호수
- 시간 : 1:10~

춤 : 도저히 너랑 못하겠다!

음악 : (비웃으며) 나도야!

(춤)

음악과 난 너무 안 맞아 정말 하기 싫어.

(음악)

나도 정말 하기 싫은걸.

(마음)

애들아 우리 서로를 생각해 보자.

연기 : 난 너희가 도저히 이해가 안 돼.

　　　춤하고 연기는 제일 잘 맞는 것들 중 하나인데,

　　　너희는 왜 이렇게 안 맞아?

(춤)

난 다시 깨달았어 음악과 나는 절친이 아닌 웬수였다고.

(음악)

나는 어쩌겠니. 너와 같은 마음이다.

(춤)

후~ 짜증 나, 짜증 나, 짜증 나.

(음악)

화가 나, 화가 나, 화가 나.

(음악, 춤)

우리는 마주치면 싸우니 만나면 안 되겠다.

(마음)

그만 했으면 좋겠어. 나는 모두가 서로를 생각했으면 좋겠어.

(음악, 춤)

우리는 너무 안 맞아.

안무와 동선 만들기

안무와 동선은 온오프라인 모두에서 진행했다. 줌에서는 주로 토의가 이루어졌고, 오프라인에서는 직접 몸으로 움직이며 맞추어 가는 활동을 진행했다. 뮤지컬 창작 활동의 대부분은 온라인으로 충분히 가능하지만, 아직까지 오프라인을 넘어서지 못하는 부분이 바로 안무와 동선이다. 온오프라인 활동 분배를 할 때 안무와 동선 만들기 활동과 블로킹 연습을 오프라인으로 편성하는 것이 좋다.

줌에서 안무와 동선에 대하여 토의를 진행한 내용은 크게 다음 2가지이다.

첫째, 우리가 집중적으로 안무를 구성해야 할 메인 뮤지컬 넘버를 선정하는 것이다.

모든 넘버에 안무와 동선이 필요하다. 그런데 어떤 넘버는 안무보다는 동선을 활용해서 비교적 쉽게 표현할 수 있는 것도 있다. 다만 한 곡 정도는 최대한 많은 학생들이 참여하여 관객에게 에너지를 줄 수 있는 안무를 포함시키는 것이 좋다. 학생들과 이 곡을 어떤 것으로 선택하여 진행할 것인지 이야기 나누는 것이다. 우리는 후반부에 등장하는 엔딩 넘버를 안무 집중 넘버로 선정하였다.

둘째, 극의 흐름에 따른 인물의 움직임 변화에 대해 이야기했다.

인물은 극의 흐름에 따라 변화한다. 자신이 처한 상황이 달라지고, 주변 인물과의 관계가 달라지고, 그에 따라 생각과 마음이 변화하기 때문이다. 그래서 대사의 톤, 감정 표현, 몸의 움직임도 달라지는 것이다. 캐스팅이 끝났기에 학생들은 각자 자신이 맡은 인물을 분석해 놓은 상황이었고, 극의 흐름에 따라 각 인물의 움직임 변화에 대해 이야기했다. 속도, 높낮이, 크기, 범위 등을 기준으로 자신이 맡은 인물의 움직임이 어떻게 변화하고, 여러 인물의 움직임은 어떻게 조화를 이루게 될 것인가에 대해 이야기했다. 온라인에서 이야기 나누었던 내용을 바탕으로 전문 뮤지컬 강사와 소통하였고, 오프라인에서 협력 수업을 통해 학생들과 실제로 움직여 보고 위치를 옮겨 보며 움직임을 만들었다.

안무와 동선에 대해 이야기하며 연습하는 과정

뮤지컬 콘텐츠의 탄생

코로나19로 인해 공연 활동을 하기에는 어려움이 있었다. 학생들과 열심히 작품을 만들었기에 여러 방면에서 고민을 했다. 학생들과 그동 안 우리가 해 왔던 활동 방법을 되돌아보기도 했고, 유튜브에서 어떤 뮤지컬 콘텐츠가 공유되고 있는지 살펴보기도 하면서 자료를 수집했 다. 그 결과 4가지의 콘텐츠를 만들어 보는 것으로 방향을 잡았다.

뮤지컬을 그림책에 담아 이야기, 음악, 이미지가 어우러지는 '뮤지 컬 그림책', 목소리만으로 뮤지컬을 표현하는 '오디오 뮤지컬', 웹드라 마의 형식에서 발전시킨 '웹뮤지컬', 실시간 화상 프로그램을 통해 공 연 영상을 촬영하고 편집 작업을 거쳐 송출하는 방식의 'ZOOM뮤지컬'을 만들었다.

우리의 작품을 콘텐츠로 세상에 나오게 하는 데는 그림책 제작사와 영상 감독과의 긴밀한 소통과 협업의 과정이 있었다. 이렇게 예술가 혹은 업체와 협업하여 작업을 진행한 것은 동아리 예산이 있었기 때문에 가능했다. 만약 예산이 없는 경우에는 상황에 맞추어 진행하면 된다. 그림책의 경우 학생이 만든 작품을 파워포인트를 활용해서 편집하고, ISSUU 사이트를 통해서 온라인 출판을 할 수 있다. 영상은 학생들이 오히려 교사보다 더 편하게 작업한다. 자신들이 애용하는 영상 편집 애플리케이션을 통해서 촬영한 영상을 편집하여 유튜브에 공유한다. 상황이 된다면 전문가의 도움을 받아 좀 더 완성도 있는 작품을 만들어 보는 것도 좋지만, 무엇보다 중요한 것은 여러 유형의 콘텐츠 개발을 위해 함께 고민하고 창작 활동에 참여하여 해냈다는 성취감을 느껴 보는 것이다.

학생들과 예술가가 협업하여 진행한 4개의 콘텐츠는 '우리들의 뮤지컬 MENU'로 정리하여 공유했다.

우리들의 뮤지컬 MENU

뮤지컬 그림책

전자 그림책

https://issuu.com/chichibooo7995/docs/

오디오 그림책

https://youtu.be/CJ_KQhnURMY

웹뮤지컬

공연 안내 영상

https://youtu.be/gTt2weOKwtQ

웹뮤지컬 티켓

https://youtu.be/6FV-XM-aBrE

오디오 뮤지컬

1편

https://youtu.be/EalDtg7Uvc0

2편

https://youtu.be/B26AtUy803o

3편

https://youtu.be/yACrTxbvXQw

줌(ZOOM)뮤지컬

줌뮤지컬 티켓

https://youtu.be/Qt931YaugZU

제작/지도
배영초등학교 교사 원치수
협력예술강사 김찬호

커튼콜,
모두가 주인공이 되는 시간

주연, 조연, 앙상블, 창작진, 스태프, 오케스트라……. 뮤지컬 한 작품이 무대에 오르는 데는 수많은 사람들의 땀과 간절함이 필요하다. 그런데 공연 중간에 관객의 박수와 환호성을 받는 사람은 주로 주·조연 배우이다. 순서는 정해져 있지만 모든 사람이 공평하게 시간을 나누어 관객에게 박수를 받는 시간이 있다. 바로 '커튼콜Curtain call'이다. 주로 앙상블 배우들이 먼저 나와 인사를 하고, 이어서 조연과 주연으로 이어진다. 이후 배우들은 스태프와 오케스트라 피트석을 향해 박수를 보내 주기를 요청한다.

관객에게 멋진 작품을 선보이기 위하여 함께 준비해 온 오랜 시간, 짧게는 1시간 30여 분 길게는 3시간을 무대 위에서 정신없이 움직이며 각자 맡은 역할에 최선을 다해 성공적으로 해내었다는 것에 모두가 함께 축하하며 감사하는 시간이 되기도 한다. 여기서 관객이 보내는 찬사와 박수는 감동적인 공연을 선사해 준 무대 위, 아래, 뒤의 모든 사람에게 다가가지만, 어쩌면 뮤지컬 작품을 보며 행복한 시간을 보낸 자신에 대한 축하의 의미도 담겨 있을 것이다.

학급과 동아리에서 학생들과 짧고 긴 작품을 함께 만들어 작은 발표회라도 하게 된다면 반드시 커튼콜은 철저하게 준비한다. 각자의 인사 포즈를 준비하게 하고, 때로는 여러 명이 함께 등장하여 인사할 때를 대비하여 함께하는 포즈를 만드는 시간을 갖기도 한다. 무엇보다 이 순간에 진심을 담아 주길 부탁한다. 커튼콜은 관객에 대한 예의이자, 그동안 고생했던 서로에게 보내는 따뜻한 포옹과도 같은 것이기 때문이다.

커튼콜이 매력적인 것은 과정이 없으면 맛볼 수 없다는 것이다. 함께 고민하고, 치열하게 토론하고, 합을 맞추고, 때로는 갈등을 겪고, 문제를 해결해 나가는 성장의 시간이 모두 지나야 만날 수 있는 짜릿한 순간이다. 교실에서 혹은 여러 교육 현장에서 서로 박수를 보내는 시간은 많다. 지금 당장이라도 발표를 마친 한 학생에게 "모두 박수!" 하고 외칠 수 있다. "우리 모두에게 박수!"를 보낼 수도 있다.

커튼콜은 이런 박수와 다르다. 배우와 스태프가 서로에게 박수를 보내기도 하지만, 공연을 준비한 사람과 관객으로 나뉘어 오롯이 관객이 보내는 박수를 우리가 함께 공평하게 나누어 받는다. 그렇다. 이렇게

'우리'를 인식하고, 진정한 '함께'를 맛보는 시간이다.

이야기와 대본을 만들고, 음악을 연결하고, 안무를 만들고, 작품을 준비해 보는 일련의 과정을 통해 교사와 학생들은 '우리'가 되고 '함께' 성장한다. 같은 시공간 속에서 삶과 고민을 나누고, 서로의 상상이 실현되기를 한마음으로 응원하고 도우면서 함께 배우는 것이다. 뮤지컬을 통해서. 공연 시작 전의 설렘, 공연을 보는 과정에서의 떨림, 커튼콜에서의 짜릿함을 느끼듯 뮤지컬 수업에도 설렘, 떨림, 짜릿함이 있다. 짧은 순간이라도 더 많은 교사와 학생들이 이 맛을 볼 수 있으면 좋겠다. 그리고 뮤지컬을 두려워하지 않았으면 한다.

교육뮤지컬의 목적은 뮤지컬 '배우'가 되는 것이 아니다. 뮤지컬로 함께 '배우'는 것이다.

MUSICAL

지구 감옥

작. 배영초 나세나반, 원치수 선생님

장소 지하 벙커, 이성계 동상 앞, 연구소, 길거리, 공터 등
시간 가까운 미래
등장인물 사람 1~14 / 연구소장 / 연구팀장 / 연구원 1, 2 / 공무원 / 아나운서
넘버 리스트
M1. 새로운 행성으로(원곡 : 골목)
M2. 사라진 희망(원곡 : 친구와 싸웠다)
M3. 두 번째 지구의 비밀(원곡 : 친구와 싸웠다)

1장 새로운 행성의 발견

장소는 한 지하 벙커. 사람들이 모여 뉴스를 보고 있다.

아나운서 : 오랜 시간 사람들의 무책임한 태도와 이기적인 행동으로 인해 물과 공기가 오염되면서 모든 생물들이 죽어 가고 더 이상 사람도 살 수 없는 환경이 되어 가고 있습니다.
사람3 : (목이 아픈 듯) 콜록콜록. 야 물 좀 줘.
사람1 : 물이 어딨어. 물도 못 마셔, 숨도 맘대로 못 쉬어……. 이런 세상에서 살 수는 없어. (주위를 둘러보며) 이렇게 답답한 지하 벙커에 숨어서 살 수는 없다고!

사람2 : 우리 그냥 확 지구를 떠나 버릴까?

사람3 : (기침을 하며) 다들 그러고 싶지. 근데 떠나도 갈 곳이 없잖아. 우린 여기 갇혔다고. 지구 감옥에!

아나운서 : 한편, 국제 천문 연구소에서는 지구를 대체할 만한 새로운 행성을 찾기 위해 모든 노력을 다하고 있는 것으로 알려져 있습니다.

사람1 : 시리야, 넌 저 뉴스 어떻게 생각해?

시리(사람4) : 말이 되나요? 새로운 행성이라니요.

무대 한쪽에서 연구소장이 등장한다.

연구소장 : 드디어 찾았어! 이제 사람들은 완전히 새로운 행성에서 살 수 있게 된 거야. 맑은 공기, 맑은 물을 다시 찾는 거라고! 으하하하하!
보자 보자, 이름을 어떻게 하면 좋을까. 나를 알고, 세상을 만나고, 나눔을 실천하다……. 그래! 나세나별!

반대쪽, 공무원이 등장해 사람들 앞에 선다.

공무원 : 여러분, 드디어 새로운 행성이 발견되었어요! 어서 지하 벙커에서 나오세요. 이성계 동상 앞으로 가면 여러분을 안전하게 모실 우주선이 준비되어 있을 겁니다.

사람3 : 지구를 떠나면 이제 편하게 숨 쉬고, 심지어 목마를 때 물도 마실 수 있다고! 빨리 짐을 챙겨서 나가자! 야, 물도 챙겨!

공무원 : 여러분 모두 줄을 서세요. 누구나, 평등하게 안전하게 모십니다. 나세나별로!

사람들 정신없이 줄을 선다. 혼란스럽다.

노래1. 새로운 행성으로

사람5 : (새치기를 하며) 내가 먼저 갈 거야!

사람들 : 얘 뭐야?

공무원 : 순서를 지키세요! 천천히 천천히 함께 갑시다. 나세나별로!

(사람3)

우리 진짜로 여길 떠날 거야.

정말 지구는 너무 답답했어.

(사람1, 2)

물도 없고 숨도 못 쉬어.

이런 곳에서 어떻게 살아가.

(공무원)

모두 여길 보세요. 잘 들어요.

이제 출발합니다. 우리 함께.

(연구소장)

지금까지 살아 왔던

이 지구와는 인사를 합시다.

(다 같이)

안녕!

사람2 : 나세나별은 얼마나 행복한 곳일까?

사람1 : 말해 뭐해. 숨을 쉴 수 있다잖아! 우린 선택받은 사람들이야. 제일 먼저 나세나별로 떠나니까!

공무원 : 자, 그럼 출발합니다!

암전.

2장 사라진 사람들

장소는 천문 연구소. 연구소장은 방송 촬영을 하고 있고,
연구원들은 바쁘게 일을 처리하고 있다.

연구소장 : 맑고 푸른 공기와 물, 그리고 들판이 펼쳐진 아름다운 행성, 지구의 희망! 나세나별로 떠나게 된 사람들과 연락을 주고받으며 많은 국민들이 기대에 부풀었어요. 우린 이제 이 지구를 떠나는 겁니다!

연구원들은 무슨 일이 생긴 듯 분주히 움직인다.

연구원1 : (이것저것 버튼을 눌러 보다가) 팀장님, 큰일입니다!
연구팀장 : 무슨 일이야? 플라스틱 더미에 사람들이 깔려 죽기라도 한 거야?
연구원1 : 연락이 끊겼습니다…….
연구팀장 : 뭐?
연구원1 : 나세나별로 떠난 사람들과 연락이 끊겼습니다.
연구팀장 : 거짓말하지 마. 나 이런 장난 재미없어.
연구원2 : (초조하고 당황스러운 말투로) 팀, 팀장님! 정말입니다. 더 이상 신호가 잡히지 않습니다!
연구팀장 : 이럴 수가…….

전화가 엄청나게 걸려 온다. 연구원들은 전화를 받으며 대응하느라 정신이 없다.

사람6 : 뉴스 봤어? 나세나별로 간 사람들하고 연락이 끊겼대!
사람7 : 지겹게 들었어. 원래 나세나별은 없었다는 말도 있던데.

노래2. **사라진 희망**

(사람6, 7, 8)
어떻게 살아가나.
희망이 사라졌어.

여기서 산다는 건
상상할 수가 없어.

(연구원1, 2)
도대체 어디 갔나.
어디로 사라졌나.

(연구팀장)
유일한 희망인데.
과연 존재하는가.

사람6 : 그럼 우리는 이제 어떡해. 물도 공기도 없는 이 지하 벙커에서 계속
버텨야 하는 거야?
사람7 : (무시하듯) 오버하긴……. 지금까지 뭐 우리가 깨끗한 환경에서 살아
본 적이 있긴 한가.
사람6 : 뭐라고 했냐?
사람8 : (싸움을 말리며) 싸운다고 해결될 게 아니잖아. 얘들아, 할 수 있는 게
없으니까 일단 기다려 보자.
사람6 : 두고 봐. 한 번 더 나한테 그런 이야기했다가는 마지막 남은 물 한 병
내가 다 마셔 버릴 거야.

사람6, 7 퇴장하고 8 혼자 남는다. 장소는 길거리.

사람8 : 이제 어쩌지……. 아직 못 가 본 곳도 많고, 하고 싶은 것도 많은데. 이렇게 지구에 남아 물과 공기가 완전히 사라지는 것만을 기다려야 하는 건가.

구슬 하나가 굴러온다.

사람8 : 뭐야 이거. 요즘도 구슬이 있나? 꼭 지구처럼 생겼네.

구슬 속에 나세나별의 모습이 비친다. 이는 영상으로 등장한다.

사람8 : 나세나별, 이제 알았어!
미리 떠났던 친구들을 부른다. 친구들 달려오고 뭔가 이야기를 나눈다.

암전.

3장 두 번째 지구의 비밀

장소는 아무것도 없는 사막과도 같은 공터. 사람들이 모여 있다.

사람9 : 어! 저기, 초록색. 저게 뭐지?
사람10 : 뭐라는 거야. 여기서 초록색 못 본 지가 몇십 년이 되었어.
사람9 : 아냐, 진짜야! 저기 한번 보라고.
사람11 : 어? 나도 봤어. 초록색! 저기 보이는 사람들 나세나별로 떠났던 사람들 아니야?
사람10 : 도대체 어떻게 된 거야. 초록색은 뭐고, 사람들은 왜 여기에 있는 거야?

나세나별로 갔던 세 사람이 무대 중앙에 등장하고 가상 인터뷰 장면이 펼쳐진다.

사람12 : 나세나별에 다시 가고 싶지는 않아요. 아주 힘이 들었다고요.

사람13 : 물론 그랬죠. 하지만 우리의 유일한 희망인 것은 확실합니다. 저는 반드시 나세나별에 다시 갈 겁니다.

사람14 : 맞아요. 힘들긴 하지만 누구나 가야 하는 곳입니다.

사람13 : 두 번째 지구는 없어요. 바로 지금 이곳이 새로운 행성이 될 것입니다.

노래3. 두 번째 지구의 비밀

사람9 : 우리가 꿈꾸던 나세나별은 그저 꿈일 뿐이었구나.

사람10 : 아니야. 사람들 이야기를 잘 들어 봐. 우리 지구가 새로운 행성이 될 거라고 하잖아.

사람11 : 근데 그건 무슨 의미일까? 이 지구가 새로운 행성이 된다는 것 말이야.

사람9, 10 : 그러게……

( )

우리가 꿈꾸던 나세나별
두 번째 지구라 생각했지.

( )

하지만 그건 없었던 거야.
우리가 여기서 만드는 거야.

( )

작은 움직임이 누군가에게는
한 줄기의 희망이 되고
작은 날갯짓은 바람을 일으키고
그 바람이 세상을 바꿔.

( )
우리 함께 시작하는 거야.
작은 행동 하나하나 모여.

( )
맑은 공기와

( )
깨끗한 물도

(다 함께)
우리가 만들어 갈 수 있어.
그렇게 지구는 나아질 거야.
작은 바람을 일으켜.

우리 모두 함께.

사람들 기대감에 부풀며 서로 기분 좋은 에너지를 나눈다.

암전.
커튼콜.
끝.

수업 키트 사용법

뮤지컬 창작 수업의 일반적인 과정 중에서 핵심적인 6개 과정을 선별하여 수업 키트를 제작하였다. 이야기 창작맵, 인물 창조맵, 대본 만들기, 음악 연결하기, 가사 만들기, 직관적 동선으로 이루어진 교육뮤지컬 수업 키트를 활용하여 자유롭게 상상하고, 표현하며, 보다 수월하게 뮤지컬을 창작하는 데 도움이 되길 바란다.

키트1 [이야기 창작맵]
인물, 배경, 사건을 한 장에 정리하며 작품의 전체적인 그림을 그려 볼 수 있도록 구성했다.

키트2 [인물 창조맵]
작품 속에 등장하는 인물의 외적, 내적 특징 등을 상상하는 과정에서 인물을 구체적으로 상상하고, 뮤지컬 작품의 창작으로 이어 갈 수 있도록 구성했다.

키트3 [대본 만들기]
3단계의 과정을 거쳐 학생들이 부담스럽지 않게 뮤지컬 대본을 만들어 볼 수 있도록 활동과 활동지를 구성하였다.

키트4 [음악 연결하기]
4단계의 과정을 거쳐 음악으로 표현할 장면을 선정하고, 어울리는 음악을 골라 이야기와 음악을 연결하는 과정을 담았다.

키트5 [가사 만들기]
기존 음악의 가사를 바꾸어 뮤지컬 작품에 삽입하는 경우 활용 가능한 2가지 종류의 활동지로 구성하였다.

키트6 [직관적 동선]
학생들과 동선과 안무를 만들 때 창작 활동을 보다 수월하게 할 수 있도록 안내하는 5개의 직관적인 도형 동선을 만들어 정리하였다.

키트1 [이야기 창작맵]

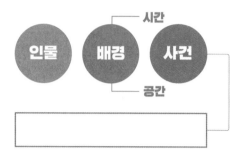

키트2 [인물 창조맵]

인물의 이름 (　　　　)

키트3 [대본 만들기]

임시 역할 정하기 　 상상하며 대화하기 　 대본으로 정리하기

정리한 내용을 세 장면으로 나누어 그림으로 표현해 봅시다.

작품 제목	
시간, 공간 배경	
등장인물	

키트4 [음악 연결하기]

임시 역할 정하기	노래 부분 골라내기	곡 감상	어울리는 곡 선정

장면별 주요 사건	분위기, 감정	어울리는 음악의 제목과 곡의 느낌	가사의 대략적인 내용
1장			
2장			
3장			

키트5 [가사 만들기]

| 원곡 : | 바꾼 노래의 제목 : |

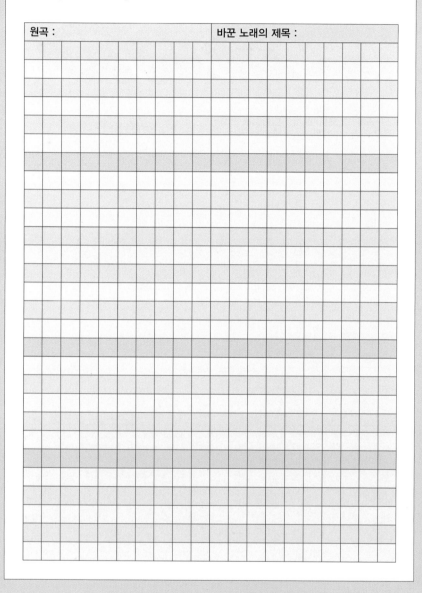

원곡 가사	바꾼 가사

키트6 [직관적 동선]

집중, 몰입   단합 에너지   안정적

시작과 끝   입체적 활용